少年追星，当追这样的星
——他们的光芒，来自地上的汗水，而非天上的运气！

少年当追中国星

柠檬夸克　著

葛大芃　绘

APTIME
时代出版传媒股份有限公司
安徽少年儿童出版社

图书在版编目（CIP）数据

少年当追中国星 / 柠檬夸克著；葛大芃绘 .

合肥：安徽少年儿童出版社，2025. 6. -- ISBN 978-7
-5707-2631-8（2025.10 重印）

Ⅰ. K826.1-49

中国国家版本馆 CIP 数据核字第 2025MD4662 号

SHAONIAN DANG ZHUI ZHONGGUO XING

少 年 当 追 中 国 星

柠檬夸克　著

葛大芃　绘

出 版 人：李玲玲	策划统筹：丁　倩	责任编辑：邵雅芸
特约校对：董瑜玥	责任印制：朱一之	装帧设计：有品堂

出版发行：安徽少年儿童出版社 E-mail：ahse1984@163.com

新浪官方微博：http://weibo.com/ahsecbs

（安徽省合肥市翡翠路 1118 号出版传媒广场）　　　邮政编码：230071

出版部电话：（0551）63533536（办公室）　　　　　63533533（传真）

（如发现印装质量问题，影响阅读，请与本社出版部联系调换）

印　　制：安徽联众印刷有限公司

开　　本：710 mm×1000 mm　　1/16　　印张：14　　　字数：160 千字

版(印)次：2025 年 6 月第 1 版　　　　　　　　　2025 年 10 月第 3 次印刷

ISBN 978-7-5707-2631-8　　　　　　　　　　　定价：35.00 元

目　录

杨振宁

他和李政道共同获得了华人第一个诺贝尔奖。

他在科学领域的贡献高深且复杂，能真正理解的人不多；而他的爱国情怀，长久且直白，让许多人从中受益。

他选择重新加入中国国籍，主动申请从中国科学院外籍院士转为中国科学院院士。

诺贝尔奖向来评审谨慎，奉行"一慢二看三通过"的原则，然而他的贡献极为突出，罕见地"治愈"了诺贝尔奖的"拖延症"。这究竟是怎么回事呢？

星光

名称：杨振宁星

国际永久编号：3421

发现日期：1975 年 11 月 26 日

发现单位：中国科学院紫金山天文台

公转周期：3.34 年

搅动风云的"小不点"

瑞典化学家兼工程师阿尔弗雷德·诺贝尔在晚年立下遗嘱，将自己全部遗产的 94%，约合 3100 万瑞典克朗捐出，设立诺贝尔基金。该基金每年用利息奖励前一年在物理学、化学、生理学或医学、文学及和平领域，为人类福祉作出最大贡献的人——这就是我们熟知的诺贝尔奖的来历。首届诺贝尔奖于 1901 年颁发，至今已有 100 多年，它是全球最具影响力的科学文化大奖，其中自然科学领域的三大奖项被视为相关学科的最高学术认可。在世界舞台上参与竞争的国家，大多都把本国有多少位诺贝尔奖得主视为国家实力的体现之一。

1957 年 12 月 10 日，在瑞典斯德哥尔摩的诺贝尔奖颁奖典礼上，两张英姿勃发的华人面孔引人注目，其中之一便是

杨振宁。他与李政道凭借"弱相互作用下宇称不守恒"这一重大发现，荣获分量十足的诺贝尔物理学奖，成为华人的骄傲。

"弱相互作用下宇称不守恒"这一理论听起来高深莫测，是不是感觉自己大脑的CPU（中央处理器）都快被烧冒烟了？别担心，听几个小故事，你就能轻松理解。

我们先来认识一群在20世纪凭实力搅动物理学界风云的"小不点"。

粒子，从字面上理解，就是极小的颗粒，但它和芝麻粒、饼干渣、沙子之类的完全不同。和粒子相比，这些都是十足的庞然大物！我

一个露珠里大约有10^{21}个原子，就是10万亿亿个原子。

们能看得见、摸得着的小东西，哪怕再小，在物理学中都属于宏观粒子，而我们要探讨的粒子是看不见、摸不着，且比原子还要小的，比如电子、质子、中子、夸克、介子……研究这些"小不点"的学问，被称作粒子物理学，它兴起于20世纪中叶。

要问物理学家研究这些粒子时，有没有发现它们有什么特点？答案是：这些小家伙古灵精怪、我行我素，主打一个"不按常理出牌"。它们构成的"小不点王国"，或者叫微观世界，与我们熟悉的宏观世界截然不同，就像两个有着天壤之别的国度，其中的规律、法则大相径庭。在宏观世界里顺理成章的某些规律，到了微观世界就不再适用。而杨振宁和李政道在1957年凭借发现弱相互作用下宇称不守恒，荣获诺贝尔物理学奖。用通俗的话来讲，就是：

在微观粒子的世界里，左和右可以不对称。

是不是有点吃惊？难道研究对不对称这种事就能获得诺贝尔奖吗？毕竟在生活中对称不是很稀松平常的现象嘛，难道它真有这么高的科技含量？

对称可不只是左右一样

对称，我们并不陌生，简单地说，就是左边和右边一样。

生活中对称的东西可太多了！

下面，我们来给对称分个类。

没错！对称也有不同类型。比如一张 A4 纸，你能沿中线把它折起来，让左半边和右半边完全重合，这叫轴对称；当我们照镜子时，镜子中的人像和我们自己一模一样，这叫镜像对称；一朵有 4 片一样花瓣的花，若把它旋转 90°，旋转后的样子和之前一模一样，这叫旋转对称。

科学家感兴趣的对称远不止这些。假设今天我们做了一个实验，明天在相同条件下重复这个实验，实验结果不会改变。科学家把这种情况称为任何科学规律都满足时间对称。

假设我们在三年级一班的教室里做了个实验，然后换到三年级二班的教室，在实验条件不变的情况下重复该实验，实验结果同样不会改变。哈哈，你大概也猜到了，科学家把这叫作任何科学规律都满足空间对称。用更专业的表述就是，任何科学规律都满足平移对称，意思是把一个科学规律平移到其他地方依然适用。就像在欧洲，水遇冷会结冰，到了中国，不可能变成水受热会结冰。

再假设我们在实验室做科学实验，实验室墙上装了一面大镜子，镜子里会出现实验的像。无论是观察实验室里的实验，还是观察镜子里的像，我们得到的实验结果和规律都是一样的。这似乎也不难理解，可问题来了，难道这也算对称？没错，用科学家的话说，任何科学规律都满足镜像对称。

说到这儿，你是不是心里又悄然生出另一个疑问——

科学家怎么这么喜欢对称

因为在物理学里，对称性和守恒律是紧密联系在一起的。

科学家就是喜欢在纷繁多变的大千世界里找规律：开普勒发现所有行星的运动轨道都是椭圆形的，焦耳发现电流流过导体时会发热。

科学家还热衷找相同：牛顿发现使苹果落地的力和让月亮绕着地球转的力是同一种力，富兰克林发现天上的电和地上的电是一样的。

科学家还对找不变感兴趣：冰在变成水的过程中，温度和质量都不发生变化……每一次发现，都让他们很兴奋。而"不变"在科学上有个更正式的说法，叫作守恒。科学家把与守恒相关的对称性称为守恒律。

长期以来，物理学家普遍认为，所有的物理规律都应该遵守对称性。事实也确实如此，所有不遵守对称性或守恒律的物理规律，最终都被证明是错误的。

偏偏有两个年轻科学家不这么想，他们认为，有些物理规律不满足镜像对称。俗话说："猪八戒照镜子——里外不是人。"难道有些物理规律一照镜子，就不是原来的那个规律了吗？真有这样的规律吗？

这两个年轻科学家，一个叫杨振宁，一个叫李政道。

1956 年，他俩联合发表论文，提出一个大胆的观点：在微观世界里，弱相互作用中，互为镜像的粒子的运动可能不对称。这一观点引发了一众物理学大佬先"赌"为快——不是抢着看他们的论文，而是打赌他们说的不对。

1965 年获得诺贝尔物理学奖的费曼说，他愿意为这篇论文赌 50 美元；

1945 年获得诺贝尔物理学奖的泡利表示，愿意赌任何东西；

1952 年获得诺贝尔物理学奖的布洛赫更是个狠人，他说如果真如杨、李二人所说的那样，他就把自己的帽子吃下去！

杨振宁和李政道的观点为什么会引起这样的轩然大波呢？

"小不点"出的大难题

前面说了，20 世纪中叶是粒子物理学大踏步前进的时代。通过实验，科学家们发现了很多种微观粒子。

等等！不是说微观粒子都特别小，看都看不见吗？那怎么知道来者是何种粒子呢？答案是凭"身份证号"。

先别大惊小怪！微观粒子也是有"身份证号"的。标识它们身份的是一系列物理学参数，包括质量、带电量、自旋、寿命等。如果两种粒子的参数完全一样，那么就认定它们是同一种粒子。在这种情况下，促狭的"小不点"又出来"整活儿"了！

20 世纪 40 年代，物理学家们发现了两种微观粒子：τ 介子和 θ 介子。这两种粒子的自旋、质量、寿命、电荷数等所有物理参数统统相同，让人觉得它们就是同一种粒子。然而，物理学家们不承认它们是同一种粒子，原因是它们的衰变产物不同：τ 介子衰变后产生 3 个 π 介子，而 θ 介子衰变后只产生 2 个 π 介子。那它们到底是不是同一种粒子呢？

那么有没有一种可能，它们是两种不同的粒子，只是刚好"身份证号"一样——有完全相同的物理参数。这就好比两个八竿子打不着的人偏偏高矮胖瘦、眉眼口鼻都一模一样，这在人群中叫"撞脸"，那粒子界就不能"撞参数"吗？自然界真的会有这样的巧合吗？面对这个问题，物理学家们也莫衷一是，这就是在粒子物理学界名噪一时的 τ - θ 之谜。

物理学的基本规律被改写

当时的杨振宁正在美国的普林斯顿高等研究院从事物理学研究，他对这个问题也十分感兴趣。1956 年，杨振宁和同样在普林斯顿高等研究院工作的李政道提出，θ 介子和 τ 介子实际上是一种粒子，但这种粒子可以有两种衰变方式，一种产生 2 个 π 介子，另一种产生 3 个 π 介子。

此观点一经提出，立刻招来无数反对声浪。前文提到的多位物理学大佬怎么也不信的，正是这个观点。大佬们甘愿下赌注——从 50 美元到吃下自己的帽子，原因就在于，按照

普林斯顿高等研究院由百货商人班伯格兄妹捐资建立，并不隶属于普林斯顿大学。在这个研究院里供职的学者无须任课，主要任务就是进行"天马行空"的思考和自由探索。主持制造第一颗原子弹的物理学家奥本海默曾任该院院长，他曾赞叹，杨振宁和李政道在普林斯顿的草地上讨论问题的场景，是一道赏心悦目的风景。

杨振宁和李政道所说的"有两种衰变方式"，会导致宇称不守恒。

别被"宇称"这个陌生名词吓到！其实它并不难理解。李政道在一次演讲中说："在物理学里，宇称守恒意味着左跟右是对称的。"通俗来讲，宇称守恒就代表左右对称。

如果一个东西，它的左边和右边是对称的，那么在镜子里看到它的像，必然和镜子外的物体本身一模一样，也就是说这个物体是镜像对称的。在此之前，所有宏观的物理规律，无论是力学还是电磁学，都毫无例外地满足镜像对称，即左边和右边一样。现在，两位年轻的华人学者突然提出在微观粒子世界，可以左右不一样，这怎能不引起轩然大波！物理学界著名的"毒舌"——1945 年诺贝尔物理学奖得主泡利，一向以评价犀利著称，在听闻杨、李的观点后，反应格外强烈："别逗了！我才不信老天爷会是个左撇子！"

然而，反对的声音再大也无济于事。1957年1月，美籍华裔物理学家吴健雄用实验证明了杨振宁和李政道的发现：在微观粒子世界，某些情况下，宇称不守恒。实验结果公布的第二天，《纽约时报》头版头条就赫然写着"物理学的基本规律被改写！"。

35岁的杨振宁和31岁的李政道因此获得了1957年的诺贝尔物理学奖。从论文发表到获奖，不到一年时间，这在诺贝尔奖历史上极为罕见！

尽管诺贝尔在遗嘱中写明"奖励前一年……"，但实际上，诺贝尔奖的颁发时间距离获奖人作出贡献的时间常常会延后二三十年。比如泡利在1925年提出泡利不相容原理，直到1945年才获奖。等待20年才获奖，在诺贝尔奖的历史上并非个例。从作出贡献到获奖的最长纪录，是由1966年诺贝尔生理学或医学奖得主劳斯保持的，他足足等了55年。由此可见，杨振宁和李政道获得的这个奖项分量极重，不仅罕见地次年就获得诺贝尔奖，更在当时中国国力和科技水平相对薄弱的背景下，鼓舞了中国人的士气。

"我当指路松"

《中国大百科全书》物理学卷中有这样一句：

> 杨振宁于 1971 年夏访问中华人民共和国，是美
> 籍知名学者访问新中国的第一人。

在中美关系刚刚"解冻"后不久，杨振宁率先访华交流讲学，叩开了中美之间紧闭三十多年的科学交流大门。这一举措让中国学者得以接触当时世界科学的前沿，不过，在一些身处美国的学者看来，这么做存在相当大的风险。杨振宁访华回到美国后，美国联邦调查局多次找他谈话，他镇定而坚决地回应："在中国，我的父亲、母亲、弟妹们——我的亲属都在那里，我的许多朋友也在那里，我想念他们，所以我要去看望他们，这并不触犯美国法律！"后来，他在纽约州立大学石溪分校发起成立了"与中国学术交流委员会"，并凭借自身影响力四处筹措资金，资助中国学者赴美深造，涉及学科不仅有物理学，还有数学、化学、生物等，覆盖医学、航空、交通、核能、电力等多个领域。这些人中，有许多学成后回国投身祖国建设。

2003 年，杨振宁回到祖国，定居清华园，这里是他年少时成长且记忆深刻的地方。归国后，他将大量精力投入培养年轻科学人才和促进中外科学交流上，许多中青年科学家都

感激他曾经的提携与帮助。2015年，杨振宁放弃美国国籍，重新加入中国国籍，从中国科学院外籍院士转为中国科学院院士。要知道，外籍院士申请转为中国科学院院士，此前并无先例。杨振宁在世界科学界有着举足轻重的影响力，他的回国带动了持续数年的优秀海外华人学者"归国潮"。

1997年5月25日，中国科学院紫金山天文台将国际编号为3421的小行星命名为"杨振宁星"，以此表彰物理学家杨振宁在科学领域作出的突出贡献。北京大学教授饶毅说，杨先生是华裔学者、科学家的一盏重要的指路明灯。同样，"杨振宁星"也照耀着科学的天空。

星 语

我既为我的中国根源和背景感到骄傲，也为我献身于现代科学而感到满意，现代科学是人类文明起源于西方的一部分——对于它，我将继续奉献我的努力。

——杨振宁

星 友

李政道星
编号：3443

清华
大学星
编号：16982

吴健雄星
编号：2752

钱三强

　　他是我国原子能科学事业的开拓者和奠基人之一，逝世后被追授"两弹一星功勋奖章"。

　　在取得举世瞩目的科研成果后，他放弃了法国优厚的待遇和先进的科研条件，选择回国，投身祖国建设。

　　他的远见卓识助力祖国创造了"氢弹奇迹"。

　　你知道吗？"钱三强"这个响当当的名字竟然不是父母起的，而是朋友们玩闹嬉笑间叫的外号儿。

星光

名称：钱三强星

国际永久编号：25240

发现日期：1998 年 10 月 16 日

发现单位：中国科学院国家天文台

公转周期：4.66 年

"两弹一星"

1999 年 9 月 18 日下午 3 时，庄严的国歌在北京人民大会堂内响起。中共中央、国务院、中央军委决定，对当年为研制"两弹一星"作出突出贡献的 23 位科技专家予以表彰，并授予于敏、王大珩、王希季等 16 位科技工作者"两弹一星功勋奖章"，追授王淦昌、邓稼先、赵九章等 7 位已去世的科技工作者"两弹一星功勋奖章"。"两弹一星"是我国在二十世纪五六十年代组织的核弹（包括原子弹和氢弹）、导弹和人造卫星研制工程的简称。尽管这三项工程分属不同领域，参与人员、研制进度各异，但人们仍习惯用这个名称将它们视为一个整体，因为这三项工程蕴含着同一种熠熠生辉的精神内涵。

　　1955 年 1 月 18 日，中国人民解放军在一江山岛战役中获胜。时任美国国务卿的杜勒斯随后扬言，如果台湾海峡发生战争，美国准备使用战术核武器。当时，第二次世界大战结束不久，对核武器的使用缺乏严格约束，大国间也未达成"核战争打不赢也打不得"的共识。年轻的中国百废待兴，一旦遭受核打击，无力对等还击。

　　为抵御武力威胁，增强国防实力，保卫和平，党中央决定开展"两弹一星"研制工作。在当时国家经济、科技基础较为薄弱，工作条件极为艰苦的背景下，广大科技工作者以身许国、发愤图强，完全依靠自身力量，突破了"两弹一星"的尖端技术，使我国成为世界上少数独立掌握核技术和空间技术的国家之一。

　　"两弹一星"事业取得的巨大成就，振奋了民族精神，奠定了中国的国际地位。正如邓小平同志曾指出的："如果六十年代以来中国没有原子弹、氢弹，没有发射卫星，中国就不能叫有重要影响的大国，就没有现在这样的国际地位。这些东西反映一个民族的能力，也是一个民族、一个国家兴旺发达的标志。"

　　作为我国原子能科学事业的开拓者和奠基人之一，钱三强便是文章开头提到的 23 位"两弹一星"元勋之一。他在原子弹和氢弹研发中贡献卓越，在我国原子能事业从无到有、从小到大的发展进程中，功不可没。

谁知道他放弃了什么

我们常接触到"原子能"这个词，它究竟是什么意思呢？

原子核结构发生变化时释放出的能量，就叫原子能，也被称作核能。原子弹、氢弹都是利用原子能制造的，核电站用于发电的能量也是原子能。即便在当下，这些技术仍属于高精尖范畴，世界上仅有少数几个国家能够掌握。

1936 年，钱三强从清华大学物理系毕业，随后在著名物理学家严济慈领导的北平研究院物理研究所工作。次年，钱三强成为巴黎大学镭学研究所的留学生，进入居里实验室，他的老师是大名鼎鼎的居里夫人的长女伊雷娜·约里奥–居里。伊雷娜和丈夫让·弗雷德里克·约里奥–居里刚荣获 1935 年的诺贝尔化学奖，人称"小居里夫妇"。钱三强师从伊雷娜，从事原子物理学研究。他的聪明好学与正直为人深受小居里夫妇喜爱，他们对他的评语是："钱先生还是一位优秀的组织工作者，在精神、科学与技术方面，他具备研究机构

小居里夫妇很有正义感，丈夫约里奥–居里先生是法国共产党党员。

领导者所拥有的各种品德。"伊雷娜还多次夸赞钱三强是"一个会对国家作出重大贡献的人物"。日后的事实证明，这两位科学家确实独具慧眼。

1939 年，第二次世界大战爆发，战火波及巴黎，但在法国期间，钱三强在科学研究上成果丰硕，其中最重要的发现当属原子核的三分裂和四分裂现象。

1939 年还发生了一件事：德国物理学家奥托·哈恩在实验室中发现，铀 –235 的原子核在吸收了一个中子后，会分裂为 2 个中等质量的原子核，并释放出 2~3 个中子和大量能量。这一现象被称为核裂变。原子弹的爆炸、核电站的核能发电就是利用核裂变原理实现的，核裂变现象也是现代核工业的基础。哈恩因此获得 1944 年的诺贝尔化学奖。

在哈恩的实验中，铀原子核分裂为 2 个其他原子核。随后，有科学家认为，铀原子核在这个过程中也可能分裂为 3 个或更多个其他原子核，甚至有人在实验中发现了这一现象，但并未深入研究。

1946 年，钱三强、何泽慧和另外两位法国科学家改进了粒子探测器。在此基础上，他们发现了铀原子核在裂变时，可以分裂为 3 个或 4 个其他原子核。经过多次实验和理论探讨，钱三强确定，这是原子核的三分裂和四分裂现象。

这里不得不介绍一下何泽慧，她是一位极为优秀的物理学家，既是钱三强工作上的合作伙伴，也是生活中的伴侣。在就读清华大学物理系时，何泽慧与钱三强是同窗，毕业后，她前往德国留学。1946 年，何泽慧和钱三强在巴黎结婚。随后，何泽慧也进入居里实验室工作，两人共同研究原子物理学中的同一课题，何泽慧更是率先在实验中发现了原子核的四分裂现象。在日后的研究道路上，尽管钱三强光芒耀眼，也无法掩盖何泽慧的光彩。

1947 年，在巴黎举行的世界科学工作者会议上，约里奥 – 居里宣布了钱三强研究团队的这一发现，并给予高度评价："这

是第二次世界大战后，物理学上一项有意义的工作。"凭借这一成果，钱三强成为获得法国科学院亨利·德巴微物理学奖的首位中国人。

无论对中国，还是整个欧洲而言，这一发现都宛如给科学界注入了一剂强心针。为何这么说呢？因为第二次世界大战对欧洲科学研究的打击是毁灭性的！大批科学家背井离乡，实验室破败，科研经费严重匮乏，整个欧洲科学界一片愁云惨雾。战后，世界科学研究的中心从欧洲转移到美国。在这种情况下，欧洲顶级科学家领导的实验室取得的重要发现必然备受关注，钱三强因此声名鹊起。西方媒体以"中国的居里夫妇发现了原子核新分裂法"这样的标题对此进行了报道。

然而，就在此时，强烈的爱国之心以及报效祖国的迫切愿望促使钱三强向约里奥－居里夫妇辞行："我们的国家很需要科学技术，我应该回去为国家服务。"

钱三强三十多岁时就已是蜚声国际的物理学家，担任法国国家科学研究中心的研究导师。倘若他留在法国继续从事研究，前途无疑一片光明。他与夫人何泽慧"双剑合璧"，说不定能有机会问鼎诺贝尔奖。他和夫人都清楚地知道，选择回国，放弃的是什么。"学以致用，报效祖国"是钱三强始终坚守的信念，那一批投身"两弹一星"事业的科学家，很多也都是如此。这也是"两弹一星"精神留给我们的宝贵财富。

一穷二白搞核弹

1948 年 5 月，钱三强与何泽慧带着尚在襁褓中的女儿登上回国的轮船。作为已名扬海外的物理学家，钱三强一回国便收到众多高校和研究所抛出的橄榄枝，邀请他前往工作。最终，钱三强选择回到母校——清华大学。

然而，当时国内的原子物理学研究可以说是一穷二白，没有人才，没有经费，更没有必备的实验仪器和资料。在这种条件下开展"烧钱"的原子物理学研究，简直是举步维艰。可让钱三强没想到的是，第二年转机便出现了。

1949 年 1 月，中国人民解放军取得平津战役的胜利，同年 3 月，中共中央进入北京。随后，中央计划组织代表团去巴黎参加世界保卫和平大会，作为留法归国人员，钱三强的名字出现在代表团名单中。不仅如此，中央还批准了钱三强的请求，特批 5 万美元，让他购买一批原子物理学研究所需的实验设备和资料。钱三强凭借自己与约里奥－居里夫妇的关系，在西方国家的围追堵截下买到了相应的设备和资料。正是这批设备和资料，为我国原子能事业的发展立下了汗马功劳。

新中国成立后，党中央高度重视原子能事业。毛主席、周总理多次邀请钱三强进入中南海，为中央领导人介绍国际原子物理学的发展情况。时任国防部长的彭德怀元帅在访问苏联之前，特意约请钱三强讲解原子物理学，以及询问我国

开展原子物理学研究需要苏联提供哪些支持和帮助。

在党中央的大力支持下，我国的原子能事业迅速发展，积累了经验，培养了人才，为下一步研制原子弹、氢弹奠定了基础。在这一过程中，钱三强功不可没，他凭借自己的学识和影响力，带领我国原子能事业不断前进。

"596 工程"

1939 年，德国物理学家奥托·哈恩在实验室中发现了核裂变现象能产生大量的能量。随后，法国物理学家约里奥－居里发现了核裂变中的链式反应过程。各国都意识到利用这

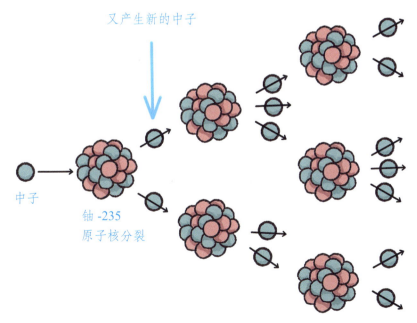

又产生新的中子

中子

铀 -235
原子核分裂

链式反应过程示意

一原理制造原子弹的可能性。

1945年，世界上第一颗原子弹在美国爆炸成功，同年，美国向日本投下两颗原子弹。

1949年，苏联第一颗原子弹爆炸成功。同年，英国第一颗原子弹爆炸成功。1952年，美国第一颗氢弹爆炸成功。1953年，苏联第一颗氢弹爆炸成功。1960年，法国第一颗原子弹爆炸成功。

20世纪50年代，世界上一些主要国家相继开始研制原子弹、氢弹，并将其作为威慑其他国家的手段。抗美援朝战争期间，美国就多次威胁要用原子弹轰炸志愿军阵地。在这种形势下，党中央决定我国也要研制原子弹、氢弹。

一个铀-235原子核裂变时会放出大量能量，并释放出2~3个中子，这些中子又会引发其他铀-235原子核发生裂变。当大量铀-235原子聚集在一起时，只要有一个原子核发生裂变，就会像雪崩一样，在短时间内引发所有铀-235原子核发生裂变，这就是链式反应。在链式反应过程中释放的能量巨大，1克铀-235裂变产生的能量大约相当于3吨煤完全燃烧产生的能量。

我国的原子能事业从零起步，刚有一些进展时，意外发生了——1959年6月，苏联翻脸了，拒绝按中苏协定提供技术资料，并下令撤回苏联专家。中苏关系濒临彻底破裂。同年7月，党中央作出重要决策：自己动手，从头摸起，准备

用 8 年时间搞出原子弹。

为铭记那个撕毁协议的日子，我国原子弹的研制项目被命名为"596 工程"。钱三强临危受命，担任中国核弹研究技术的总负责人、总设计师。

在"596 工程"中，钱三强的地位举足轻重且难以替代，可以说，他是一位运筹帷幄的将才。在科研工作者中，他宛如磁铁，将所有人团结、组织起来，拧成一股绳，共同解决各种科学技术难题；在领导面前，他是得力参谋，能适时发现问题并提出建议。他不拘一格、知人善任，从全国各地挑选了一批精兵强将，如于敏、朱光亚、邓稼先等。在被表彰的 23 位"两弹一星"功勋科学家中，有 15 人由钱三强动员回国，其中 7 人由他直接推荐到核武器研制一线。著名物理学家、诺贝尔奖得主杨振宁先生说："钱三强独具慧眼的睿智和超凡的组织才能，促成了中国原子弹的爆炸成功。"

1964 年 10 月 16 日 15 时，

原子弹利用铀原子核裂变产生能量，氢弹则是利用氢原子核聚变产生能量，这个能量更加巨大，所以氢弹的威力也比原子弹更大。要想让氢原子核聚变，就必须让它处于高温高压的环境下，这个高温高压的环境只有在原子弹爆炸时才能够产生。所以氢弹的外面要包裹一颗原子弹，用原子弹为氢弹"点火"。因此，各国都是在原子弹爆炸成功后才着手研制氢弹。

我国第一颗原子弹在新疆罗布泊试爆成功，我国成为继美国、苏联、英国、法国之后，世界上第 5 个拥有核武器的国家。1967 年 6 月 17 日上午 8 时，同样在新疆罗布泊，我国第一颗氢弹试爆成功，我国成为世界上第 4 个拥有氢弹的国家，同时创造了从原子弹爆炸成功到氢弹爆炸成功用时最短的纪录。这一成就被誉为"氢弹奇迹"。

创造"氢弹奇迹"的是我国核物理学家于敏。然而，在原子弹尚未研制成功之时，钱三强就极具远见地提出：氢弹需以原子弹做引爆器，但它的原理和规律与原子弹不同，与轻核聚变反应有关的理论问题，需要有人提前探索，宜早不宜迟。在研究原子弹的同时，他就组织黄祖洽、于敏等一批理论物理学家进行氢弹理论研究，为氢弹研制作了理论准备。正是这一决策，大大缩短了我国氢弹研制的时间，创造了"氢弹奇迹"。

外号取代大名

1913 年 10 月 16 日，钱三强出生在浙江，51 年后的这一天，中国第一颗原子弹试爆成功。

出生后，父亲给他取名钱秉穹。上中学时，钱秉穹与另外两名同学关系非常要好，宛如《三国演义》里的"刘关张"。其中，钱秉穹年纪最小，排行老三，但身体最为强壮，于是得了"三强"的外号。年纪最大的那位，因身体瘦弱、文质彬彬，便用"大弱"绰号自嘲。一次，"大弱"给"三强"写信，信件寄到家中，恰巧被钱三强的父亲看到。一般父亲看到儿子被取外号，不生气、一笑了之已算脾气好，谁料钱父格外开明豁达，觉得"三强"比"秉穹"更妙，有"品德强、学识强、身体强"的寓意。于是父亲提议，儿子点头，就这样改名为钱三强。

几十年后，钱三强名震天下，国外媒体提及钱三强时，常冠之以"中国原子弹之父"的称号。对此，他本人并不认同，在审稿时一律将其删掉。他说，外国人往往看重个人的价值，喜欢用"之父""之冠"这类称呼，中国人还是多讲点集体主义好，多讲点默默无闻好。

1992年6月28日，钱三强因病离世，享年79岁。1999年，中共中央、国务院、中央军委在人民大会堂举行大会，隆重表彰为"两弹一星"作出突出贡献的科技专家，钱三强被追授"两弹一星功勋奖章"。

2003年10月17日，经国际天文学联合会小天体提名委员会批准，将国际编号为25240的小行星命名为"钱三强星"。

钱三强生前常自比卵石、沙粒，他说："中国原子弹研制绝不是哪几个人的功劳，更不是我钱三强一个人的功劳，

星语

科学没有国界，但科学家是有祖国的。我们的国家很需要科学技术，我应该回去为国家服务。

——钱三强

而是集体智慧的结晶！"相比于一些头衔，他更愿意为千军万马夺取胜利铺路，他说，这是他的荣幸。

星 友

严济慈星
编号：10611

清华
大学星
编号：16982

陈景润

　　他是中国乃至世界数学界举足轻重的人物。

　　他的每一项工作都像是在喜马拉雅山山巅上行走。人们或许不懂他的数学研究，但无不被他在逆境中的钻研精神深深感动。

　　邓小平说，中国要是有一千个陈景润就不得了。

　　他是"勇攀科学高峰"的代名词，立志探索科学的孩子爱说"长大我要当陈景润"。

名称：陈景润星
国际永久编号：7681
发现日期：1996 年 12 月 24 日
发现人：中国科学院国家天文台
公转周期：3.57 年

"数"的学问

陈景润是谁，你肯定知道吧。他的数学成就或许并非人人都有深入了解，但他的名字在中国可谓家喻户晓。陈景润是我国杰出的数学家，在世界数学界也占据着举足轻重的地位。许多中国人正是通过陈景润，才知晓在数学王国里还有"数论"这样一个分支。数论与日常生活关联甚少，对人们日常生活的实际意义，恐怕还比不上下载一个手机软件。然而，陈景润能如此全身心投入、如此痴迷地探寻简单数字间隐藏的奥秘。他拖着多病的身躯，凭一支笔"仗剑走天涯"，活成数字武林中那位具有传奇色彩的独行侠客。他是难得一见的数学天才，更是永不黯淡的榜样。接下来，就让我们一同走进陈景润的数学世界。

陈景润的主要研究领域是数论，这是数学中一个重要的分支，其主要研究对象是数，确切地说是整数。没错，数论研究的就是诸如 1、2、3、47、86、–93……这样的整数，在 20 世纪以前，数论也被称作算术。

数论包含了数学中一些最基本的内容。例如我们熟悉的勾股定理：在平面上的一个直角三角形中，两个直角边边长的平方之和等于斜边长的平方。这便是数论中的一个定理，它是历史上第一个将数与图形建立联系的定理。勾股定理的发展还引发了无理数的发现，极大地拓展了人们对数的认知。

如果你以为，陈景润就是研究我们小学就知道的 1、2、3、4、5……那就有点儿草率了。数论领域盛产善于伪装的"大坑"，伪装什么呢？伪装成"这很简单"。有时，数学家会提出一些看上去很简单的猜想，如果随便找几个数算一算，会让人不禁觉得："可不就是这么回事嘛。"殊不知，在数学的世界里，只是"看起来对"远远不够。若要说一个东西成立，就必须用数学方法去证明它，数字和运算符号才是数学家的通用文字。而要

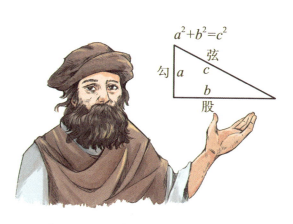

我国古代称直角三角形为勾股形，这个定理在中国叫勾股定理；在国外，古希腊数学家毕达哥拉斯最早提出了该定理，故西方人称之为毕达哥拉斯定理。

去证明这些猜想，比登天还难！一代代绝顶聪明的数学家一脚踏进这些"大坑"，就再没"爬"出来。

比如著名的 3x+1 猜想，内容是：

> 任意取一个大于 1 的自然数，如果它是偶数，我们就把它除以 2，如果它是奇数，我们就把它乘 3 再加上 1，这样我们就得到了一个新的自然数。我们对新的自然数重新进行上述操作……经过若干次操作后，我们得到的结果一定是 1。

这个猜想于 20 世纪 50 年代提出。如果你有兴趣，可以找几个数算一算，看看结果是不是 1。不过可以告诉你，直到今天，也没人能证明它。作为数学界"扮猪吃老虎"的"扛把子"，数论里让人抓狂的猜想还有很多，比如孪生质数猜想、梅森质数猜想、费马数猜想、奇完美数猜想……假如你能解决其中任何一个，就会被立刻视为国际数学界冉冉升起的明星！

很巧！在陈景润的学生时代，他的老师也像我们刚才这样，向他介绍了数论中一个著名的猜想——

哥德巴赫猜想

1742 年，一位叫克里斯蒂安·哥德巴赫的德国数学教师致信大数学家欧拉。信中，他提出了这样一个猜想：

任何一个大于 2 的偶数，都可以表示为两个质数之和。

这就是著名的哥德巴赫猜想，在这个猜想的基础上，还可以得到另外一个猜想：任何一个大于 5 的奇数，都可以表示为三个质数之和。后者叫作弱哥德巴赫猜想或关于奇数的哥德巴赫猜想。

如果前一个猜想被证明，那么后一个猜想也必然成立。哥德巴赫提出了这个猜想，但他自己无法证明，于是写信给欧拉，希望欧拉能证明他的猜想。

欧拉是 18 世纪伟大的数学家，他凭着过人的数学直觉，认为这个猜想是对的，但终其一生也没能证明它。欧拉在数学界可以说是神一般的存在，连他都没能证明，这让哥德巴赫猜想名声大噪，引得一众数学家前来挑战，但都铩羽而归。200 多年过去了，在众多数学家的叹息声中，哥德巴赫猜想成了公认的"近代数学三大难题"之一，也被称为"数论皇冠上的明珠"。

莱昂哈德·欧拉，瑞士数学家和物理学家。如果你以后学理工科，会学到欧拉公式、欧拉函数、欧拉定理、欧拉常数……欧拉对数学的贡献太大了，被誉为"数学之王"。

嗨，别被它吓到！我们简单算几个总可以吧：

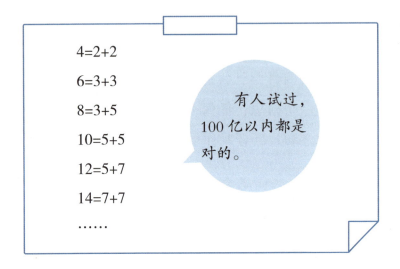

4=2+2

6=3+3

8=3+5

10=5+5

12=5+7

14=7+7

……

有人试过，100亿以内都是对的。

好像是这么回事，这么看倒是没有多难，但就这几个数不能说明问题。自然数有无穷多个，这么一个一个算下去，根本算不到头，唯一的途径还是用数学方法去证明它。

18 至 19 世纪，无数数学家试图证明它，却都以失败告终。1900 年，哥德巴赫猜想被列入"黑名单"，数学大师希尔伯特在国际数学会议上将它列入"23 个数学难题"之一。

攻克"1+2"

1919 年，挪威数学家布朗提出了证明哥德巴赫猜想的一个新思路。既然证明任何一个偶数都可以表示为两个质数之和比较难，那么我们是不是可以把这个命题弱化一下呢？于是他提出这样一个命题：所有的偶数都能表示成两个奇数之

和，这两个奇数分别可以表示成若干个质数的乘积。

比如，666 就可以表示成 105 和 561 的和。

$$105=3\times5\times7$$
$$561=3\times11\times17$$

而上式中的 3、5、7、11、17 都是质数。随后，布朗证明了当偶数"足够大"的时候，这"若干个"可以不超过 9。用比较通俗的话说，布朗证明的是所有"足够大"的偶数都能表示成一个不超过 9 个质数的乘积加另一个不超过 9 个质数的乘积，数学家们把布朗的命题简单形象地写成"9+9"。按照布朗的想法，只要能将"9+9"缩减到"1+1"，就能证明哥德巴赫猜想了。至于那个"足够大"的条件，其实也不用担心。因为哥德巴赫猜想难以被证明的关键点就是偶数有无穷多个，只要能够证明"足够大"的偶数都满足这个猜想，那么对那些不"足够大"的偶数，一个一个地算就可以了，这可就不是什么数学难题了。

实践证明，布朗的想法还真没错。1920 年，他首先证明了"9+9"。随后，各国数学家纷纷发力，哥德巴赫猜想的证明被迅速推进。

1924 年，德国的拉特马赫证明了"7+7"。

1932 年，英国的埃斯特曼证明了"6+6"，论证继续推进。

1937 年，意大利的蕾西连续发力，先后证明了"5+7""4+9""3+15"和"2+366"。

1938 年，苏联的布赫夕太勃证明了"5+5"。

1940 年，布赫夕太勃再接再厉，又证明了"4+4"。

1956 年，我国数学家王元证明了"3+4"。

1957 年，王元证明了"2+3"，进一步迫近巅峰。

1962 年，我国数学家潘承洞和苏联的巴尔巴恩分别独立证明了"1+5"，王元证明了"1+4"。

1965 年，苏联的布赫夕太勃和维诺格拉多夫，以及意大利的朋比利分别证明了"1+3"。

1966 年，我国的陈景润证明了"1+2"，兵临城下，只差一步！

尽管陈景润的名字只出现了一次，但出道即巅峰——半个多世纪过去了，他还是哥德巴赫猜想第一人！还没有人实现对他的超越，完成终极证明。陈景润所证明的"1+2"又被世界数学界称为陈氏定理。如果用数学语言表达，就是：

任何一个足够大的偶数都可以表示成一个质数和一个不超过两个质数的乘积之和。

数学家的生活方程式

1956 年的一天，在北京中国科学院数学所内，华罗庚所长收到一封几经辗转交到他手上的信。信是厦门大学数学系教师李文清写的，请他在方便的时候审阅一篇论文，作者是毕业于本校的一个 23 岁的年轻人。这个年轻人自学了华罗庚的数学专著《堆垒素数论》，声称解决了书中华罗庚尚未解决的"他利问题"，并将研究成果写成了论文。

要知道，那时华罗庚已经是中国数学会理事长、中国科学院学部委员、中国科学院数学研究所所长，是中国解析数论的创始人和开拓者。他的《堆垒素数论》被公认为 20 世纪数论领域经典的著作之一。对这样一位大师的经典著作发表见解，无疑需要极大的勇气。而这个年轻人大学毕业才两年，他就是陈景润。

华罗庚当即认真审阅了陈景润的论文，兴奋得拍案而起："谁说没有人才？陈景润就是！"随后，他把论文交给数学所里一群专门研究数论的年轻人审阅，他

1949 年 11 月，中国科学院正式成立。成立之初，中国科学院并没有建立院士制度，以各学部和学部委员代之。1955 年，第一批学部委员产生，华罗庚就是其中之一。1993 年，经国务院批准，学部委员更名为院士。1994 年，中国工程院正式成立，同时设立院士制度。随后，中国科学院与中国工程院决定，联合开展两院院士增选工作。

们一致认为，陈景润的方法和结论都是正确的。华罗庚对弟子感慨道："你们天天在我身边，倒让一个素未谋面的年轻人改进了我的工作。"在深入了解陈景润的经历后，华罗庚愈发珍视这个难得的人才，于是将他从厦门大学调到北京中国科学院数学所，担任实习研究员。对于恩师的大力提携，不善言辞的陈景润铭记终生，他常对人说，没有华先生就没有他陈景润的今天。

到了数学所，犹如从地方省队进入国家队，视野宽了、条件好了，陈景润如鱼得水，但也有一个不小的烦恼：他和3名同事一起住在4人间宿舍里。按说志同道合的年轻人在一起，应该过着说说笑笑、打打闹闹的快乐日子，而陈景润从来不是从和人的说笑言欢中获得快乐，而是沉浸在自己独来独往的数学世界里，他还习惯熬夜钻研。于是，在几位室友的成全下，他独占了仅有3平方米的厕所，开启了独自挑战数学难题的征程。

与本书中的其他大家不同，谈及他们时常常会提到某某团队，而陈景润没有团队；描写别人的贡献多是"领导了……""组织了……""带领了……"，而陈景润不领导他人。他仅凭一支笔，在宁静的夜晚，甚至没日没夜地指挥着数字和符号，以定理为兵法，以公式为火炮，向数学界的前沿高地发起冲锋。在现实世界中，他不善言辞、与世无争；在数学天地里，他却偏要与古往今来的顶级数学家一争高下，专挑最难的问题攻克。他的目标直指"数论皇冠上的明珠"。

那个哥德巴赫猜想，不是已经有人证到"1+3"了吗？那证"1+2"还会很难吗—— 不是很难，而是极其困难！看看花样滑冰运动员，掌握 3A 跳后再学 4A 跳的难度，就能略知一二，这需要把先前的动作习惯彻底打破，重新开始练习。别忘了！陈景润的"1+2"可不是我们日常所说的"1+2 等于几"。前面的"1+2"指的是一个质数加两个质数的乘积，在证明"1+3"后要证明"1+2"，就如同攻克全新的山头，必须要有新的"战术战法"和"武器装备"。1966 年，陈景润发表了那篇关于"1+2"的论文，论文长达 200 页，连审稿人都花了足足 3 个月才完成审阅！陈景润深知自己的成果是正确的，但还不够完美，证明方法必须简化。

彼时，陈景润住在一间不足 6 平方米的小房间，这里既是他的宿舍，也是办公室。他以床板当书桌，废寝忘食、刻苦钻研，从寒冬到酷暑，从未间断。在那个年代，国外数学家已经开始使用计算机，证明"1+3"就

星慧

有人说他是"书呆子""怪人"，其实陈景润既不呆也不怪。打个比方，花洒有不同出水模式：水若从所有小孔喷出，则水流多、力度柔，这就像一般人的精力分配方式；若只从一个孔喷出，则水流强劲、势不可挡，这是陈景润的精力分配方式。能够长时间保持精力高度集中，顺境、逆境始终如一，是天才的一种特质；因为杂事想得少，他们很单纯，即便满头白发也像个孩子。

借助了计算机。而陈景润全靠一支笔手动演算，光用过的草稿纸，就足足装了几麻袋！为了及时掌握国外同行的最新成果，除英语外，陈景润还自学了俄语、德语、法语、日语、意大利语和西班牙语。

陈景润工作强度极大，真正做到了惜时如金。除了吃饭、睡觉，他把能节省的时间都用在了工作上。他说，时间是常数，花掉一天就是浪费 24 小时。

数学家给自己列的生活方程式可谓严苛到了极点！

1973 年，陈景润写的第二篇关于"1+2"的论文发表了。这篇论文与第一篇题目相同、内容也基本一致，但在其中，陈景润公布了简化后的证明过程。这一成果迅速在世界范围内引起轰动。

"陈景润的每一项工作，都好像是在喜马拉雅山山巅上行走。"美国著名数学家阿·威尔如此评价陈景润的工作。英国数学家哈伯斯坦和德国数学家黎希特将陈景润的论文纳入专著，把相关成果命名为陈氏定理。国际数学家大会曾先后两次邀请陈景润出席并作报告，这无疑是极高的礼遇。中国国家博物馆珍藏着一张寄给陈景润的明信片，上面写着："你移动了群山！"明信片背面是一些世界顶级科学家的亲笔签名。

没有实现的"1+1"

生活条件的改善与他人的赞颂，都未能让陈景润停下追逐梦想的脚步，证明"1+1"是他矢志不渝的目标。然而，两次意外事故致使这位数学奇才脑部受伤。人生的最后 12 年，他基本在医院度过，饱受疾病折磨，生活无法自理。

即便身处这样的困境，陈景润也始终坚持工作，直至生命的最后两个月。医生曾多次向他的夫人"告状"，说他不是来治病的，而是来拼命的，但谁也拿他没有办法。1996 年，63 岁的陈景润带着未能攻克"1+1"的遗憾，离开了人世。他为科学事业作出的最后一次贡献是捐赠遗体供医学解剖。

2013 年 5 月，法国数学家哈洛德·贺欧夫各特宣布证明了弱哥德巴赫猜想，也就是我们前面提到的第 2 个命题。到目前为止，还没有人能够证明真正的哥德巴赫猜想。

尽管陈景润已经离世多年，但在人们心中，他始终是在逆境中不懈钻研的典范。2009 年，在新中国成立 60 周年之际，陈景润入选"100 位新中国成立以来感动中国人物"；2018 年，在庆祝改革开放 40 周年大会上，陈景润被党中央、国务院授予"改革先锋"称号，追授"改革先锋"奖章；2019 年，在新中国成立 70 周年之际，陈景润入选"最美奋斗者"个人表彰名单。

1999 年 10 月，人们以一颗星向他致敬，国际编号为 7681 的小行星被命名为"陈景润星"。这颗天上的"陈景润星"会不会因为 7681 是个质数而喜欢这个编号呢？他会不会摇摇头，觉得这个数还是小了点，不够他深入研究呢？但相信他最终会会心一笑，因为这是人们对他满满的心意。

星 语

学习要有毅力，要像勇敢的登山运动员那样，克服前进道路上的艰难险阻，一步一个脚印，坚持不懈地走向风光无限的山峰。

——陈景润

星 友

厦大星
编号：25146

中国
科学院星
编号：7800

华罗庚星
编号：364875

袁隆平

  他本是大城市里的孩子，父母都是高级知识分子，为什么他却自愿报考农学？

  他培育的杂交水稻被称为中国"第五大发明"，被印在我国的邮票上，被外国人印在本国货币上。杂交水稻为什么如此备受推崇？

  还是一介乡村教师时，他敢于挑战权威观点；荣誉等身时，在国人眼里他是可爱的袁爷爷，爱吃甜食，爱唱歌，爱笑。

名称：袁隆平星

国际永久编号：8117

发现日期：1996 年 9 月 18 日

发现单位：中国科学院国家天文台

公转周期：5.27 年

星光

用粮食打败一个国家

春秋时期，齐国和鲁国一直不对付。齐、鲁都出产纺织品，齐国的叫纨，鲁国的叫缟。齐相管仲出了个主意，他让齐桓公带头穿鲁缟做的衣服，并要求大臣和百姓效仿，甚至叫停了齐纨生产。

鲁国人还以为赶上了赚钱的"风口"，连粮食都不种了，改种桑树，用桑叶养蚕，扩大鲁缟生产，增加"出口创汇"。谁知一年后变天了：管仲突然下令齐国全民禁穿鲁缟。坏了！鲁缟一下"产能过剩"。最糟糕的还不只这些，鲁国地里种的都是桑树，早没人种粮食了，吃光了余粮，鲁国人吃什么？

很快，一场饥荒席卷鲁国，鲁国只能从齐国进口粮食。齐国开出了令人震惊的高价，明显是要狠"宰"鲁国。可怜的鲁国即便是高价买粮，也依然无法解决饥荒问题。面对大批食不果腹的百姓，鲁国只能咬咬牙、闭闭眼，再次向齐国求助。齐国借此迫使鲁国签订城下之盟，要求鲁国今后必须臣服于齐国。就这样，齐国不费一兵一卒，完胜鲁国。

看了这个故事，是不是觉得后背发凉？生活在富裕年代的我们，注意力或许很少放在粮食上，但粮食的价值不容小觑，它无可替代，关键时刻能当百万雄兵！

让世人远离饥饿

20世纪60年代初，中国也曾经历一场严重的饥荒。为了能吃饱饭，人们想尽各种办法，甚至发明了"双蒸饭"，就是米饭蒸好后加水再蒸一遍，这样米饭的体积就像变魔术一样膨胀起来。看起来满满一大碗饭，其实吃下去饱得快饿得也快。

饿肚子的滋味苦哇！在湖南安江农业学校任教的袁隆平被饥饿纠缠，面黄肌瘦，有时两腿发软，他的同事和学生也都如此。饿肚子的原因是粮食不够吃，光靠烹饪手段不行，治病要从根儿上来，得想办法提高粮食产量。袁隆平想利用专业知识让人人都吃饱。

1953年，袁隆平从西南农学院毕业，被分配到位于湖南省西部山区的安江农业学校。虽然地方偏僻、条件艰苦，可他仍热情高涨地投入教学。作为遗传育种教研组的老师，袁隆平在教学的同时，还在自己的试验田里开展育种研究。一开始，他的研究对象是红薯，因为当时红薯的产量远远大于其他粮食作物，是当地主要的粮食。培育出更加高产的红薯，就能让更多人吃饱肚子。一个偶然的发现，让他把目光投向了水稻。

某一天，袁隆平像往常一样来到学校附近的稻田观察。不承想，一株不同寻常的稻子闯入了他的视线：它又高又壮，穗大粒多，跟周围的稻子一比，简直是鹤立鸡群。袁隆平干脆就叫它"鹤立鸡群"，以后一有空就去看它。到了收

获的季节，他小心翼翼地收集"鹤立鸡群"的种子，种到试验田里，期待能得到同样优良的稻子。谁知它的后代们高的高、矮的矮。在惊诧和失望过后，袁隆平陷入了思索，他判断："鹤立鸡群"是一株天然杂交稻。

杂交是一种常用的育种手段，就是用两个基因型不同的生物培育后代，目的是获得集合亲代各自优点的子代，例如我们熟悉的骡子。马力气大，但吃得多，耐力也不强；驴子耐力强，吃得少，就是力气小了点；作为马和驴的孩子，骡子综合了它俩的优点：力气大，耐力强，食量比马小，干活特"能打"。只有基因相似的个体才能进行杂交，比如老

星闻

19世纪，奥地利生物学家孟德尔开展了著名的豌豆杂交实验。他让紫花豌豆与白花豌豆进行杂交，将得到的豌豆种子种下，称长出来的植株为杂交一代，开的全是紫花。随后，他把杂交一代所结的种子种到地里，在长出的杂交二代中，约有3/4开紫花，1/4开白花。

生物学家将生物体所表现出的特征称作性状，比如人的黑眼睛、蓝眼睛，植物开紫花、白花等。在杂交二代及以后各代中出现不同的性状（有的开白花，有的开紫花），这种现象叫作性状分离。通常情况下，如果没有人为干预，杂交一代很难将自身的杂交优势稳定地遗传给下一代，在杂交二代身上就会出现性状分离。这便是袁隆平认为"鹤立鸡群"是天然杂交稻的原因。

虎和狮子同属猫科动物，它们可以杂交出狮虎兽；猫和狗却无法杂交出"猫狗兽"，因为两者的基因差异太大，染色体的数目都不一样，无法配对产生后代。

人类很早就开始运用杂交的方法进行育种，以获得产量高、抗病虫害等具有杂交优势的农作物品种。然而，在当时的科学界，科学家普遍认为杂交水稻没有优势，"鹤立鸡群"的出现打破了这一认知。

袁隆平看到了一丝希望：既然穗大粒多的杂交水稻能够在大自然中长出来，那能不能人工培育？如果稻田里都是这样穗大粒多的稻子，粮食产量不就上去了吗？

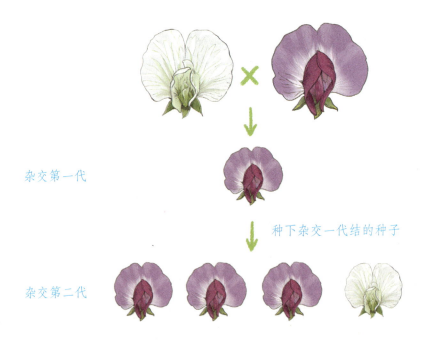

孟德尔的豌豆杂交实验的示意图，如不选花色，而选其他性状也会得出类似结论。

产生这个想法似乎并不需要具备"超强大脑"，人类种植水稻的历史已超 8000 年，稻田遍布世界各地，稻米是数十亿人的主食，难道此前就没人想过培育杂交水稻？当然不是，然而"杂交水稻没有优势"这一结论，让很多人对杂交水稻的研究望而却步。"鹤立鸡群"的出现，让袁隆平意识到，杂交水稻有着巨大的发展潜力和研究价值，杂交水稻的研究大有可为。

小小水稻，大大难题

假如东村的水稻穗大，却有空壳谷粒；南庄的水稻穗虽不大，但颗颗饱满，结实得像小子弹。那么，让东村和南庄的水稻杂交，长出穗大且颗粒饱满的水稻，粮食产量不就能提高了吗？思路看似不错，可惜水稻并不"配合"！

水稻是雌雄同花、自花授粉的植物。在同一朵花里，雌蕊和雄蕊"青梅竹马"，还没等花朵完全开放，就已经完成了自花授粉，根本没给隔壁水稻介入的机会！那要是人为"撮合"呢？也就是人为抽去雄蕊，再找另一株来授粉。如果是在实验室环境下，当然可以安排水稻"谈一场异地恋"，但一株水稻就有上百朵花，每朵花又非常小，在广袤无垠的农田里，这种操作根本无法实现。

幸好袁隆平是个有心人，当时他虽身处偏僻闭塞的山村，却仍自费订阅外文资料，从中了解到植物中存在某些个体不育

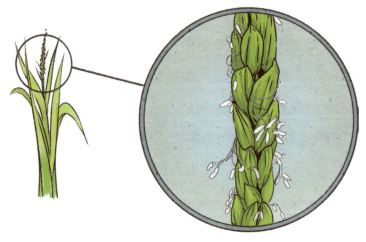

水稻的花

的情况。他心想，如果能找到雄蕊天然不育、雌蕊正常的稻子，就可以人工给雌蕊授粉，进而大面积培育杂交水稻。于是，"寻找天然雄性不育稻"便成了他研究杂交水稻的首个课题。

找？该怎么找呢？答案是用最原始的方法：迈开双腿、擦亮双眼，一株一株地寻觅。

这难道不是大海捞针吗？没错，而且还不是每天都有机会！水稻每年开花的时间仅有十几天，这一时期被称为水稻的扬花期。在扬花期内，水稻会陆续开花，即便是同一株水稻，不同花朵的开花时间也各不相同，并且，每一朵水稻花只开1.5~2小时，大多在上午10~12点，这正是阳光最为毒辣的时候。但想要找到天然雄性不育稻，就只能在这个时间段寻找。要是过了扬花期还没找到，那就只能等来年了。

那时袁隆平仅仅是一名农校老师，寻找天然雄性不育稻并非他的本职工作。以如今的眼光来看，这些工作既没有加

班费，也不计入工作量。作为农校老师，他十分清楚培育杂交水稻是世界难题，众多实力雄厚的国外研究机构都未能攻克。还有不少权威人士断言：杂交水稻没有优势，研究杂交水稻是对遗传学的无知。然而，只要是袁隆平认定的方向，他就无所畏惧，坚持到底。

1964 年 7 月 5 日，在苦苦寻觅的第 3 个年头，袁隆平和他的助手终于在被骄阳炙烤的稻田里找到了一株天然雄性不育稻。此后 2 年，他们又找到了类似的 5 株。

即便没有投身杂交水稻研究，一辈子就在山里的农校教书，袁隆平也必定会是一位极为出色的老师——那种上课极为生动、学生超级喜爱的老师。他先教俄语，引导学生用俄语问答，唱俄语歌；又教普通植物学，他备课时常常站在学生的角度向自己提问，为了找寻答案，亲自前往田野观察，动手栽培植物做实验。他无论做什么都全情投入，不怕吃苦受累，纯粹而专注，不管什么都能做得极为出色！

追着太阳跑

找到了天然雄性不育稻，并没有让研究进入加速阶段。在接下来的 4 年里，袁隆平和助手们先后进行了 3000 多组杂交水稻实验，却都以失败告终。经过反思，袁隆平认为，此前水稻"异地恋"的对象都来自本省，亲缘关系过于相近，所以没有显现出明显的杂交优势，应当前往外省，从野生稻中寻觅天然雄性不育稻，让野生稻与栽培稻杂交。因为它们亲缘关系较远，更容易产生杂交优势，这在生物学上被称为远缘杂交。

于是，从湖南到云南，从云南到海南，他们追着太阳跑，专挑暑热的地方，因为气温高意味着水稻的生长期短。当时条件还十分简陋的海南农场，在袁隆平眼中却是"育种的天堂"，在这里水稻一年可以三熟，也就意味着每年能够繁育出三代杂交水稻。1970年，袁隆平的助手李必湖找到了一株野生的天然雄性不育稻，学名为花粉败育普通野生稻，袁隆平如获至宝，将它命名为"野败"。

"野败"的出现大幅推动了杂交水稻攻关的进度条。袁隆平清楚，要做的工作还有很多。摆在他们面前的是两条路：

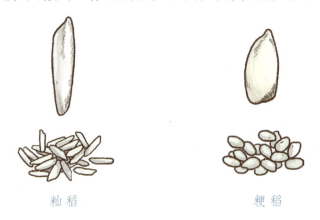

籼稻　　　　　　　　　　粳稻

我国种植的水稻主要有籼稻和粳稻两种。籼米狭长，粳米圆润，泰国香米属于籼米，五常大米属于粳米，袁隆平是用籼稻进行杂交实验的。

是几个人关起门来抢种抢收，还是发动全国各地的力量广种广收？此时他和助手就像已经攀登到半山腰的登山者，选择后者无疑能加快登顶的速度，但可能会有人踩着他们的肩膀从半山腰空降，抢先登顶；选择前者则能确保自己率先登顶，被载入史册。心系苍生温饱的人自然有博大的胸怀。不久后，国家组织进行全国范围的杂交水稻攻关协作，袁隆平在田边支起黑板，毫无保留地分享了自己的研究成果，还把培育的种子分给同行试种。一时间，各项成果不断涌现。

1973 年，在苏州举行的一次会议上，袁隆平宣布我国籼型杂交水稻"三系"配套成功。袁隆平利用"三系法"培育的杂交水稻，亩（1 亩 ≈ 667 平方米）产量比常规水稻高出 20% 以上。几年后，从湖南开始，杂交水稻逐渐在全国大面积推广。1980 年，我国整体科技水平还不算先进，而杂交水稻作为第一项出口的农业技术专利转让到美国。外国人将杂交水稻称为中国的"第五大发明"，袁隆平也被国外赞誉为"杂交水稻之父"。但他始终保持清醒，不满足于现有成绩。1995 年，他创新的"两系法"杂交水稻培育成功，大大缩短了杂交水稻的育种周期，降低了育种成本。1996 年，农业部启动"中国超级稻育种计划"。2013 年，袁隆平向记者透露，第四期超级稻新品种有望实现亩产 1000 千克以上，在全国推广后，增产的粮食可供 7000 万人食用一年，这相当于多养活了一个湖南省的人口。

你不知道的袁爷爷

袁爷爷的形象，我们再熟悉不过了：平头、皮肤黝黑、身形瘦削，凝视稻子时一脸专注，看向人时则笑容满面——悄悄说，他看起来就像个憨厚的老农。

你知道他为什么叫袁隆平吗？"隆"是他的字辈，"平"是因为他出生在北平，而且是在大名鼎鼎的北京协和医院出生的。为他接生的也是一位泰斗级人物——妇产科专家林巧稚大夫。在林大夫亲笔签下的出生记录里，有个超级可爱的临时称呼：袁小孩。实际上，袁隆平出身书香门第，父亲曾担任小学校长，母亲曾就读于教会中学，英语十分出色。袁隆平长大后，外语水平也很高，能够阅读国外文献，还曾在国际会议上帅气地用英语交流。他读小学时，学校组织参观一座园艺农场，正是这次经历让他对农学产生了浓厚兴趣。后来，他不顾父母反对，报

北京在历史上曾数次被称为北平。明朝攻占元大都后，将大都更名为北平。后明朝迁都北平，改名为北京。直到1928年，民国政府设立北平特别市，又将北京改为北平。其间，日伪政府曾将北平称为北京。

1949年，中华人民共和国成立，将首都设于北平，并改北平为北京。

袁隆平生于1930年9月7日，当时恰巧为"北平时期"。

考了农校，从此与农业结下不解之缘。

我们都知道，袁隆平是"杂交水稻之父"、中国工程院院士，曾获习近平总书记颁发的"共和国勋章"。可你知道吗？他还荣获过国家发明特等奖、国家最高科学技术奖，被党中央、国务院授予"改革先锋"称号并颁授"改革先锋"奖章。他是联合国粮农组织首席顾问，也是中国工程院院士中首位当选美国国家科学院外籍院士的人。杂交水稻技术作为我国重要的农业援外项目，被推广至七十多个国家。在一些曾经把吃米饭当作"打牙祭"的国家，袁隆平被尊为"神"。

从理性角度看，这些荣誉他当之无愧；但从感性层面讲，是否会觉得这些光环与生活中的他有着一定距离？他不过是一个喜爱穿花格 T 恤、爱唱歌、爱说笑的"90 后梗王"，是因为爱吃甜食而掉了牙齿的老人，平实到让你觉得他和小区里那个总给你糖的爷爷没什么不同。

你知道吗？直到八九十岁高龄，他仍未退休，还坚持下田数稻穗。他有两个梦想：禾下乘凉梦和杂交水稻覆盖全球梦。他曾笑着对记者说，他"贪产量就像贪财一样"。在孙女眼中，爷爷就是"看天气预报的"。为何这么说？因为他一生心心念念的水稻与天气息息相关，要是凉了、旱了，他的水稻就长不好了。

最终，他倒在了他深爱的稻田里。2021 年 3 月，他在海南基地不慎摔倒，被送医后就再没好起来。在人生最后的时光里，他还在关心每天的天气情况，让学生到病床前说说稻子长得怎样了。听完汇报，他平静地对奋力抢救的医护人员说："大家辛苦了，不用太费力气。"他还劝护士："我一把年纪不中用了，你们不要为了我不吃饭呀！"

2021 年 5 月 22 日，袁隆平与世长辞，举国悲痛，那些受益于杂交水稻的国家也纷纷表达哀悼。在众多缅怀之举中，可能还要数中国年轻人最懂袁老的心，他们说："袁爷爷一路走好，今天我们乖乖吃饭了。"

的确，袁老一生辛劳，就是为了让人吃好饭，为了国泰民安。

星 语

人就像一粒种子，要做一粒好的种子，身体、精神、情感都要健康。种子健康了，我们每个人的事业才能根深叶茂、枝粗果硕。

——袁隆平

我们认为，应该将这些真实情况告诉世界，中国人能养活自己。现在如此，将来我们相信凭着中国正确的政策和科技、经济的发展，也必然能够自己养活自己！

——李振声

星 友

李振声星

编号：90825

南仁东

　　他是"'中国天眼'之父",也是"人民科学家",还是"时代楷模""最美奋斗者"。

　　历经 22 年艰苦跋涉,他把一个近乎疯狂的想法变成举世瞩目的国之重器。

　　他让中国人睁开了眺望星辰大海的眼睛,自己却永远地闭上了眼睛。

　　想要了解他的人可能会好奇:他怎么能既是天文学家,又是超级工程的"三军统帅"?他为什么要建"中国天眼"?

名称：南仁东星

国际永久编号：79694

发现日期：1998 年 9 月 25 日

发现单位：中国科学院国家天文台

公转周期：4.03 年

听星星"唱歌"

天文学家必然离不开望远镜，哪怕是刚入门的天文爱好者，也需要借助望远镜来观星。家用望远镜通常呈圆筒形，无论是单筒还是双筒，都比较常见。天文学家用的望远镜却别具一格，像一口大锅，丝毫没有"镜"的模样。这是为什么呢？

我们常见的是光学望远镜，它依靠接收物体发出或反射的光进行观测。而宇宙中的星星，除了发光，还会发出无线电波、红外线、紫外线、X 射线、γ 射线等，这些波呀、射线呀，统称为电磁波。我们所熟悉的光，比如阳光、星光、灯光、烛光，以及其他各种类型的光，都有一个共同的名字——可见光。可见光和那些波呀、射线呀一样，都是电磁波家族的一员。

在夜空中，我们会看到有些星星并不怎么亮，用天文学家的话说就是"它们不怎么发光"，但这些星星会发射其他电磁波，比如无线电波。和可见光一样，星星发出的各种电磁波都透露着它们的秘密，能帮助我们更全面地了解它们。就好比我们通过听一个人说话，可以了解这个人，听他唱歌，同样能了解他。宇宙中的群星就像一个超级庞大的合唱团，有些"歌手"爱"说话"（发强光），有些"歌手"沉默寡言（发弱光或不发光），我们想要了解这个合唱团，怎么能只听它们"说话"，而忽略它们的"歌声"呢？

射电望远镜就能"听到"星星"唱歌"，它是一种专门收集和研究无线电波的望远镜。与光学望远镜那种炮筒子似的外形不同，有些射电望远镜活脱脱像一口大锅，"锅口"对准天空，捕捉星星发出的无线电波。"锅"越大，接收到的无线电波就越多，"听"得也就越清楚。

肉眼观测阶段　　　光学望远镜观测阶段　　　射电望远镜观测阶段

天文学的发展大体可以分为三个阶段，我国天文学在第一阶段处于世界前列，在第二阶段逐渐衰落，建设大型射电望远镜将推动我国天文研究重回世界前列。

只能建到月亮背面了

射电望远镜诞生于20世纪30年代，初露头角就送出4份"见面礼"：神秘的类星体、奇特的脉冲星、宇宙微波背景辐射和星际空间的有机分子。这"礼物"的分量可不轻，被称为"20世纪60年代天文学的四大发现"。射电望远镜也因此名声大噪。截至目前，诺贝尔奖已有10次颁发给天文学领域的研究成果，其中有6次都与射电望远镜密切相关。射电望远镜堪称立下"奇功"。

由此可见，射电望远镜是研究宇宙的有力工具。中国古人说："工欲善其事，必先利其器。"这个道理，外国人也明白。1963年，美国在波多黎各岛建造了口径305米的阿雷西博射电望远镜，后来它被评为"20世纪十大工程"之首。你可能想不通，一个望远镜而已，凭什么这么厉害？难道比巴拿马运河还厉害？比英吉利海峡海底隧道还厉害？答案就在于，一系列前沿研究成果是通过它取得的，包括获得1993

星闻

1937年，美国建造了世界上第一台射电望远镜，口径约9米。4年后它第一次巡天，获得人类历史上第一幅银河系射电天图。

1972年，德国100米口径的埃菲尔斯伯格射电望远镜投入使用，阿雷西博不能转动，而它可以。德国由此成为射电天文研究强国。

年诺贝尔物理学奖的学术成果，就是在 1974 年借助阿雷西博射电望远镜完成的。大型射电望远镜是科学研究的重要平台，它能推动人类达到更高的科学研究水平，拓展人类知识的版图。

那么，中国有射电望远镜吗？有！ 1993 年，在新疆建设的射电望远镜口径只有 25 米，与国际先进水平相比，差距明显。中国天文学家能借用国外的望远镜吗？可以，但需要申请，还要排队等待，而且每次使用的时间是以小时来计算的。

这就不难理解，为什么南仁东要建造大型射电望远镜了，其实不仅是他，各国天文学家都有这样的想法，并不断付诸实践。要知道，射电望远镜可不是随便找块空地就能建造的，它的选址有着极为苛刻的要求。欧洲的天文学家曾说："如果不抓紧建造新一代大型射电望远镜，将来恐怕只能到月亮背面去建造了。"

他从不说外行话

"别人都有自己的大设备，我们没有，我挺想试一试。"说这话的就是南仁东，他时任北京天文台副台长，后来成为"中国天眼"项目的首席科学家。这句话说得轻描淡写，但内行人都明白，这个想法近乎疯狂，要实现它困难重重，作出这个决定责任重大，踏上的征程也将漫长艰辛。事实证明，南仁东真不是说说而已，他义无反顾地把自己的后半生都奉献给了这个想法。

南仁东在"中国天眼"施工现场指导工作

　　作为一名天文学家，渴望拥有先进的天文观测设备，这并不稀奇，令人惊叹的是，他居然还能亲自带领团队建造如此高级的设备！南仁东怎么能既是天文学家，又是超级工程的"三军统帅"呢？

　　1945年，南仁东出生于吉林省辽源市，从小他就记忆力超群，做任何事都一丝不苟。1963年，他以吉林省理科状元的成绩考入清华大学无线电系。同时，他还擅长绘画，对建

筑也很感兴趣。

毕业后，他来到吉林一家无线电厂，一干就是 10 年。这位会画画的清华高才生凭借一双巧手和聪明的头脑，掌握了车间里的十八般武艺，车、钳、铆、电、焊样样都会，样样都精，并逐渐从技术员成长为业务全面的技术科长。他研制过便携式收音机、小型计算机，由于嫌弃传统的计算机键盘不够美观，他亲手在蓝色有机玻璃上刻写数字和字母，再安上透明有机玻璃帽，让键盘不仅颜值大增，还结实耐用。产品一经推出，便在全国大受欢迎，为工厂创造了可观的效益。1978 年，国家恢复研究生招生，南仁东被中国科学院研究生院天体物理系录取。

记忆力超强，做事精益求精，擅画画，爱建筑，初学无线电，后攻天体物理，还在工厂练就一身"武艺"——这样的技能成长曲线，成就了日后"中国天眼"精密而优美的曲面。在"中国天眼"的施工现场，有时工人手里的活儿卡壳了，南仁东能亲自上手操作，而且干得比工人还熟练。"中国天眼"的建造汇集了众多学科领域和技术门类的智慧与力量，其复杂程度不亚于一场高科技领域的"奥运会"，担任首席科学家的人必须是一位通才。南仁东就是这样的人，他的同事评价说："即使在离他专业最远的领域，他也没说过外行话。"

认识了这样的南仁东，我们再来看看他主持建造的超级工程。"中国天眼"其实是大家对它的昵称，它有一个很气派的大名，叫 500 米口径球面射电望远镜，英文缩写是 FAST。

FAST 的口径达 500 米，沿着它的边缘走一圈大约需要 30 分钟。它的球面形反射面的面积相当于 30 个标准足球场大小。迄今为止，这是人类历史上最大的射电望远镜。

FAST 的反射面由 4450 块小反射面组成，每块小反射面后面都有钢索牵引。通过控制钢索，小反射面可以移动，从而改变"大锅"的形状。前面说过，射电望远镜是"听"星星"唱歌"的"大耳朵"，耳朵如果能灵活转动，就能耳听八方。"窝"在大山里的这只"大耳朵"虽然无法挪动位置，但它的"耳膜"可以改变形状。这种巧妙的设计在世界上独一无二。

那些星星"边走边唱"，"歌声"来自四面八方，而这只会动的"大耳朵"不会漏掉任何"声音"！与德国埃菲尔斯伯格射电望远镜相比，FAST 的灵敏度约是它的 10 倍；与美国阿雷西博射电望远镜相比，FAST 的综合性能约是它的

FAST 位于贵州省平塘县克度镇大窝凼洼地，喀斯特地貌形成的天然大坑契合"锅"的形状。

10 倍。FAST 是目前世界上最先进、最灵敏的射电望远镜。

让我们把观赏距离再往后拉远一点，你会发现 FAST 很美！在柔和起伏的群山中，它不像贴上去的创可贴，而是与周围环境融为一体，非常和谐；它甚至不会让你想到"机器"二字，它更像建筑师的一件作品，简洁、典雅、深邃，是大自然中的一处风景。英国著名天体物理学家贝尔参观 FAST 时惊呼："太美了！这是画家设计的吗？"别人告诉她："是的！他（南仁东）是位画家。"

南仁东太厉害了！妥妥的高智商学霸！对这样的人来说，赚钱不是什么难事，那么多技能，哪个拿出来都能"变现"。在他的选择范围内，造 FAST 可能是耗时最长、操心最多、压力最大、条件最苦、困难最多、以货币计量的收益最小的事。那还为什么非要做？你知道吗？有一种人是"精致利己"，而他完全相反，是"极致利他"。

摘星逐梦是为谁

这个绝佳的地方是怎么进入南仁东的视野的呢？

他和团队先利用遥感技术在全国范围内筛选出 300 多个洼地，然后进一步筛选出 100 多个。南仁东坚持每个都要亲自考察。射电望远镜不可能建在繁华都市，就算是宁静的乡村也不行，必须建在远离尘世、人迹罕至的地方！因此，南仁东他们在实地勘察时面临的不只是道路崎岖的问题，有时甚至无路可走！他们要翻山越岭，还要防备毒虫野兽；要应对恶劣天气，突然来袭的山雨和泥石流是家常便饭，其中的艰难和危险难以言表。南仁东曾被泥石流冲下陡坡，幸亏一棵小树挡住了他，才避免了严重后果。终于，他们找到了贵州平塘县大窝凼洼地。这一年，南仁东51岁。

最初，南仁东提出建造的射电望远镜口径为200米，后来变成350米，最后确定为500米。要知道，到20世纪末，我国最大的射电望远镜口径才25米，他的想法在别人看来无疑是疯狂的。朋友提醒他，一个连汽车都做不好的国家，怎么能建造大型射电望远镜呢？这一年，南仁东52岁。

2008年，国家发展和改革委员会批复了FAST工程的可行性研究报告；同年底，FAST工程奠基。这一年，南仁东63岁。

2015年，FAST工程钢圈合龙后不久，南仁东病倒了，被确诊为晚期肺癌。但他身边的同事都知道，南仁东的身体早就"亮红灯"了！早在2005年，他就因胸部不适，坐都坐不住了；在爬大窝凼洼地时，他说，就像下地狱一样，喘不过来气。每次他都是靠吃药扛下去。实在看不下去时，同事们会强行把他架到医院。可他总说没时间，转身又回到工作岗位。他舍得花13年时间寻找台址，以及做FAST项目的前期论证，舍得花5年半时间建造FAST，舍得在没有高铁的年代，单程花50多个小时坐绿皮火车一次次前往贵州，却舍不得花几个小时去医院看病，舍不得花几天时间给自己的身体做全面检查。

就算天假其年，恐怕南仁东也很清楚，自古英雄出少年，在科学界更是如此。向科学顶峰发起冲击的往往是年轻人：爱因斯坦提出相对论时 26 岁；哈勃发现河外星系时 34 岁；贝尔发现脉冲星时 24 岁……他建造 FAST，是为了下一代天文学家能有条件做出世界一流的成就，推动中国天文学重回世界前列。他曾说："如果 FAST 有一点瑕疵，我们对不起国家。"

2016 年 9 月 25 日，FAST 落成启用。次年 9 月 15 日，南仁东因病去世，享年 72 岁。

2018 年 10 月 15 日，国际编号为 79694 的小行星被正式命名为"南仁东星"。

2017 年 11 月 17 日，中共中央宣传部追授南仁东"时代楷模"荣誉称号；2018 年 12 月 18 日，党中央、国务院授予南仁东同志"改革先锋"称号；2019 年 9 月 17 日，国家主席习近平签署主席令，授予南仁东"人民科学家"国家荣誉称号；2019 年 9 月 25 日，他被评选为"最美奋斗者"。

自从 FAST 落成，我们已经习惯听到它不断传来新发现的消息。截至 2024 年 11 月，

星闻

脉冲星是中等质量的恒星死亡后的"尸体"，它会高速旋转，并不断向外辐射电磁波。由于其辐射周期非常准确，被天文学家认定为宇宙中最精确的时钟。对脉冲星的研究属于天文学的前沿领域，可以让我们更好地了解恒星和宇宙的演化。

FAST 已发现超过 1000 颗脉冲星，而研究脉冲星对探索更深层次的宇宙问题具有重要意义。在脉冲星测时阵列项目研究上，中国团队仅用了 3 年零 5 个月的时间，就追赶上已"起跑"多年的国际同行，甚至还略微领先。原因很简单：我们有 FAST。

尽管南仁东看到了 FAST 的落成，但没能看到通过 FAST 获得的第一批成果。如今，中国人已经睁开了进军星辰大海的眼睛，正在向宇宙深处探索，逐梦星河，巡天长歌。天上的那颗"南仁东星"，一定会看到这一切吧？

星 语

我们 FAST 团队正向宇宙的深度进军，这也是一次前所未有的远航。我们将去证明，人类的探索可以到达一百多亿光年以外。

——南仁东

苟利国家生死以，岂因祸福避趋之。

——林则徐

星 友

林则徐星
编号：7145

平塘星
编号：92209

贵州星
编号：2632

郭永怀

　　他有令人惊叹的学霸体质，为了报国改换专业。

　　他是享誉世界的空气动力学家。钱学森说，郭永怀能顶两个他。

　　他一人横跨"两弹一星"三个领域，奈何天不假年，巨星陨落，留下太多遗憾，让人感叹："要是他还活着就好了……"

星光

名称：郭永怀星

国际永久编号：212796

发现日期：2007 年 10 月 9 日

发现人：中国科学院紫金山天文台

公转周期：4.39 年

　　1968 年 12 月 5 日，周总理正在中南海怀仁堂接见外宾，突然，秘书疾步走来向他低声汇报有一架飞机失事了。当周总理听闻那个人也在飞机上，他立即暂停了会见，失声痛哭。从革命战争年代一路走来，见过无数血雨腥风、大江大浪的周总理，为何会为了一个人的离世如此悲痛呢？

　　那个名字曾经是国家机密，几十年后才逐渐被人知晓；今天，中国科学院力学研究所、中国工程物理研究院、中国科学技术大学，以及山东荣成都矗立着他的塑像。他叫郭永怀，是 23 位"两弹一星"元勋中唯一一位横跨核弹、导弹和人造卫星三个领域的科学家，也是唯一一位以"革命烈士"身份被追授"两弹一星功勋奖章"的科学家。

换道超车的超级学霸

准备好！下面我们要回顾一位超级学霸的成长之路。你大概见过学霸，但可能没见过这样的学霸。

1909 年，郭永怀出生于山东荣成，虽然家境普通，但他从小就聪明过人，成绩优异。初中毕业后，他考取了南开大学预科理工班，随后顺利进入南开大学物理系。那一年是 1931 年，要知道，在 20 世纪 30 年代，大学的招生人数少之又少，能考进去的人个个都是学霸。

由于当时南开大学没有优秀的物理教授，为了学习自己钟爱的物理学，郭永怀只得进入电机系。这显然不是一条理想的成才之路，连老师都生怕耽误了这个好苗子，于是鼓励他去考北京大学物理系。

1933 年，郭永怀参加了北京大学的入学考试。电机系虽然也开设物理课，但和物理系的物理课有很大不同。好比在羽毛球队也要练跑步，但和苏炳添这种专业短跑运动员练的跑步完全不是一个强度。你能想象，一个打羽毛球的人转到国家田径队专攻短跑，上来就作为一线主力参加国际大赛吗？如果真有这样的人，那只能说他天赋异禀。郭永怀就是这样的人，他不仅顺利被北京大学物理系录取，而且直接插班到本科三年级，毕业成绩名列前茅，得以留校担任助教并攻读研究生。这难道不是超级学霸？

郭永怀在北京大学师从著名光学家饶毓泰，学习光学。

但好景不长，1937 年 7 月 7 日，发生了震惊中外的"七七事变"，抗日战争全面爆发。北京大学被迫停课，郭永怀只得回到老家附近，在中学代课。一年后，他得知南迁的北京大学、清华大学、南开大学在大后方组建西南联合大学，于是南下继续学业。再次坐到课桌前，他已很难重拾一个温雅学子单纯的心境。这一年多来，他目睹了外敌入侵，国家危难，生灵涂炭。虽然他是光学泰斗的高徒，但他毅然放弃光学，改学航空工程，进入空气动力学领域。

你可能会疑惑，要报国不是该学造枪造炮吗？其实，航空工程是研究各类飞行器的学科。自 1903 年莱特兄弟制造出第一架飞机后，航空工程就成了那个时代的前沿学科。研究飞机飞行时空气流动状态的空气动力学是航空工程中最基础的分支学科。在当时，想要造飞机、导弹这样的尖端武器，离不开空气动力学；现在，空气动力学的应用范围更加广泛，高铁、跑车的研发也需要空气动力学。

旧中国连火柴、棉布都造不出来，怎么会有造飞机的航空工程专业呢？所以，想学，就只能出国。这时有一个好消息和一个坏消息，好消息是通过中英庚子赔款留学生招生考试，可以获得留学机会；坏消息是报名的有 3000 多人，航空工程的留学名额却只有一个。但对超级学霸来说，有好消息就够了。不出所料，郭永怀考了第一名，得到出国留学的机会。他先进入加拿大多伦多大学，后又进入当时世界上空气动力学的研究中心——美国的加州理工学院，师从空气动力学大师冯·卡门。

西奥多·冯·卡门，杰出的航空航天专家，我国科学家钱学森、郭永怀、钱伟长都是他的弟子。

二十世纪三四十年代，世界飞机制造业进入高速发展时期，已经能够制造速度接近甚至超过音速的飞机了。恰恰在这时，出现了拦路虎：当飞机的速度接近音速时，致命的危险也不期而至——空气阻力剧增、飞机升力骤降、机身强烈震动，这时如不及时减速，可能会发生飞机在空中解体的惨剧。有不少优秀飞行员在此类事故中殒命碧空。音速，像一堵墙，冰冷无情地挡在飞机提速的路上，人们称之为音障。

音障产生的原因极其复杂，属于空气动力学的前沿难题。尽管各国都高度重视，无奈问题太过复杂，众多学者望而却步。然而，胆识过人的郭永怀在加州理工学院攻读博士学位时，就把它选作自己博士论文的题目。就连他的导师冯·卡门都对此十分钦佩，逢人就说："郭正在做一个最难的课题，你们不要因零碎事情打扰他。"因为导师手头的工作十分繁重，于是他推荐了自己的得意门生，当时已经是副教授的钱学森来协助郭永怀完成这项研究。郭永怀和钱学森因此成了一生相知的挚友。

最终，郭永怀于 1945 年攻克了这一难题，在取得博士学位的同时，获得留校资格。两年后，第一架超音速飞机在美国试飞成功，人类的飞行器从此进入超音速时代。

回国甘做铺路石

1946 年，郭永怀受邀进入美国康奈尔大学工作，主持新成立的航空研究院。在此期间，他和同样赴美留学的李佩喜结连理，事业和生活都日趋完美。

康奈尔大学实力很强，经常能够接到美国军方的项目，这些项目待遇优厚，郭永怀却不为所动。他很清楚，一旦参与军方的项目就会接触保密资料，回国时必定受限。有人给他递上申请加入美国国籍的表格，他也置之不理。他毫不讳言："我来贵校工作只是暂时的，将来在适当的时候我会离开。"此时的郭永怀已经是蜚声国际的空气动力学专家和应用数学家。然而，和钱学森一样，他在回国时也遭到无理的阻挠。

1955 年，在我国努力下，钱学森一家得以回国。次年，郭永怀也携妻女登上了驶往香港的"克利夫兰总统号"邮轮。谁知到了预定开船的时间，船却迟迟不动。夫人李佩看到一群便衣匆匆上船，当她认出其中有曾在她家外监视的人时，立刻紧张起来，身边的郭永怀却从容依旧。结果这群人从他们身边径直走过，去检查了另一位中国学者的船舱。

原来就在回国前，郭永怀和同事们聚餐，当众把他十几年来未发表的论文和书稿烧了个干净。在场的人都大为震惊，这是何苦呢？郭永怀淡淡地说："省得找麻烦，反正这些东西都在我脑子里了。"因此，美国当局知道他把"敏感资料"都烧了，就没理由纠缠了。

回国后，郭永怀在钱学森任所长的中国科学院力学研究所任副所长。在这里，他和钱学森一起制定了我国力学学科发展的方向和规划。在力学所以及北京大学、清华大学、中国科技大学，他开班授课，为年轻的新中国培养了大批力学人才，是我国力学事业的奠基人之一。

力学所当年的研究生，

星 闻

力学是物理学的一个重要分支，20世纪50年代，力学在我国成为独立的学科，它是研究物体受力和运动规律的学科。从生活细节到尖端科技，力学原理无处不在。进入20世纪，伴随飞机、导弹、轮船、高铁及各种超级工程的发展，力学的地位日益凸显。在航空航天领域，力学是科学家研究火箭发射和卫星运动的重要工具。

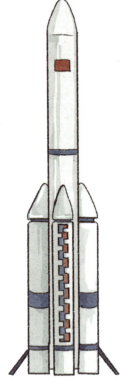

如今国际上高超音速激波风洞研究的领军人物——俞鸿儒院士，至今还记得自己第一次到郭副所长办公室的情形。郭永怀笑意盈盈，跟年轻人们坦陈心声，说有人提醒他，回来就不会有科学成就了。他说："我根本不感兴趣这个，我只想给国家做点事。"他还告诉俞鸿儒等人："你们好好干吧！你们也出不了大成果，你们搞好了，也许你们后边一代、二代能出成果。"事后，俞鸿儒在回忆中写道：

> 从先生的谈话中，我意识到，先生并不刻意要求我们成为飞黄腾达的"龙"，而是叮嘱我们做踏实干活儿的"牛"，为国家科学事业做铺路的石子。

归国后的郭永怀除了倾力培养人才，还以他的远见卓识和卓越才干做了大量奠基性、开创性的工作。你知道吗？当国际上还把这个领

小到易拉罐、高跟鞋，大到飞机火箭、建筑桥梁，都离不开力学。

域视为极端保密的科技前沿时，他就提出要攻克"热障"，开发高速飞行时飞行器表面的耐高温材料。如果这一关没有过，今天我国的洲际导弹和返回式卫星就不可能在国际上处于领先地位。针对我国国情，他提议研制的高超音速激波风洞，为我国的导弹、神舟飞船、C919大飞机、高铁等一系列大国重器的研发提供了必要的试验条件。更难以想象的是，对于解决能源短缺的终极手段——可控核聚变，其他国家到现在还处于摸索阶段，而郭永怀在那个年代就预见我国将来肯定要搞，"兵马未动粮草先行"，提出提前开展相关研究的建议。今天，我国在可控核聚变领域已处于世界领先水平。

钱学森曾对这位挚友给予高度评价。美国海军部副部长曾说，钱学森一个人能抵五个师；钱学森却说，郭永怀能顶两个他。

星慧

郭永怀是全能型科学家，是国宝级科学家，更是战略科学家。有时候，会觉得郭先生强大得超乎想象，甚至让人觉得他不像是真实存在的人，但这一切千真万确！我们曾经拥有过这样一位杰出的科学家，更重要的是，他还是一位满怀赤子之情的爱国科学家。他在众多领域开展了奠基性工作，只可惜天不遂人愿，就在他朝着下一个巅峰奋力迈进时，命运无情地将他带走。30多年过去了，仍有许多人感慨："要是他还活着就好了……"

献身"两弹一星"

1958 年，郭永怀在参与制定中国科学院力学所的科研规划时，就提出要研制人造卫星。随后，根据党中央的指示，以力学所为主成立研发机构，承担人造卫星本体及运载火箭的设计工作。随后，由于一些客观因素，该项目暂缓实施。

1965 年，我国重启研制人造卫星的项目，钱学森和郭永怀均参与其中。为此，中国科学院成立两个工作小组，一组负责设计卫星本体，另一组负责返回式卫星的方案和气动设计。

1965 年，根据中央精神，郭永怀起草了"大气现象学"项目报告和规划，启动对弹道导弹再入大气层后的各种异常现象的研究工作，这些研究成果后来成为我国研制反导系统的理论基础。

我们知道，"两弹一星"中的"两弹"指核弹（包括原子弹、氢弹）和导弹，"一星"是指人造卫星。郭永怀横跨核弹、导弹和人造卫星领域，在三个方面都有杰出贡献。

尽管不是原子物理学家，郭永怀在原子弹的研制中同样功不可没。他为中国的原子弹设计了引爆方式和弹体结构。

弹道导弹是指发射后，在惯性和地球引力的作用下飞行，根据发射前设定好的程序实施目标打击的导弹，具有射程远、载弹量大的特点。弹道导弹会飞出大气层，在大气层外飞行一段时间后再进入大气层，对目标实施打击。我国的东风 -41 洲际弹道导弹，射程 14000 千米，可以打到星球上绝大多数地方。

原子弹的引爆方式通常有两种：枪法和内爆法。无论采用哪种方法，都需要在核材料的外面摆放一定数量的常规炸药。引爆原子弹时，先引爆常规炸药，用爆炸产生的冲击波移动或压缩核材料，从而引发核爆炸。这意味着常规炸药的数量和摆放位置都十分讲究：放少了，达不到效果；放多了，可能把核材料炸碎，那就根本不可能发生核爆炸了。炸药摆放的位置不对，同样也无法引爆核弹。作为国内爆炸力学的专家，郭永怀圆满完成了这个任务，为 1964 年我国第一颗原子弹成功试爆立下汗马功劳。

说是原子弹，可你知道吗？ 1964 年成功试爆的那一颗，其实一点"弹"的样子都没有，就是一个核装置，必须要把它武器化——做成真正的"弹"，才能投入实战。不然总不能需要用时，就从实验室扛出一个铁箱子上战场吧？而原子弹的武器化并不容易。和传统的航空炸弹相比，原子弹的爆炸威力大得多，这需要给负责驾机投掷原子弹的飞行员留出足够的时间，让他飞出危险区。这意味着飞机投下原子弹后，要让原子弹飞一会儿，等飞行员进入安全地带再爆炸。而这样一来，投弹的准确性就会下降。

早在原子弹研制期间，郭永怀就组织人力对这个难题进行了研究。1965 年，轰炸机携带一颗原子弹起飞，并在预定高度把原子弹准确投向靶标。这意味着我国拥有了可用于实战的原子弹。随后，可搭载氢弹的航空炸弹也被研制出来。1967 年，我国第一颗氢弹爆炸，而这次是以空投的方式进行的。

因为参与多个研究项目，郭永怀经常要赶往不同的试验场。为了节约时间，他总是选择乘坐夜班飞机。1968 年年末，正在紧锣密鼓进行的热核武器试验取得重大突破，为了参与试验数据讨论，郭永怀从兰州乘飞机前往北京。12 月 5 日凌晨，由于首都机场大雾，飞机降落时失事起火，郭永怀不幸以身殉职。事后，人们通过他的手表辨认出他已经烧焦的遗体。奇怪的是，他和警卫员牟方东紧紧抱在一起，工作人员费了好大劲才把他俩分开，原来他俩身体间保存着一个完好无损的公文包，里面是热核武器试验的绝密数据。22 天后，根据他和警卫员用生命保护的试验数据，我国第一枚热核导弹试验成功。同一天，郭永怀被追认为革命烈士。

郭永怀逝世后，李佩先生以坚韧、优雅的姿态，继续书写属于自己的传奇。她从没有在外人面前流过泪，从零开始创建了中国科学院研究生院外语教学部，被誉为"应用语言之母"。晚年，他们夫妇唯一的爱女因病去世，就在所有人都认为李佩先生短期内不会授课的时候，第二天她提着录音机，准时给博士生上课，神态如常、认真依旧，一堂课也没落下。外人只能通过她嘶哑的声音，窥见她刚刚遭受人生又一次重创后的痛苦。2017 年，李佩先生离开了人世，享年 99 岁。

正在上课的李佩先生

1999 年，郭永怀被追授"两弹一星功勋奖章"。2018 年 7 月，编号为 212796 的小行星被命名为"郭永怀星"，同时将编号为 212797 的小行星命名为"李佩星"。

女儿郭芹小时候曾经向爸爸要生日礼物，忙于祖国科技事业、与家人聚少离多的郭永怀告诉女儿，以后天上会多一颗星，那就是送给她的礼物。如今，郭先生和李先生应该已经在天上相聚了吧，围绕这两颗星的故事和精神，是他们送给我们所有人的珍贵礼物和永恒财富。

星 语

我们回国主要是为了为国家培养人才，为国内的科学事业打基础，做铺路人。

——郭永怀

星 友

北京大学星
编号：7072

中国科学院星
编号：7800

钱学森星
编号：3763

李佩星
编号：212797

杨利伟

他承载着中华民族千年来的飞天梦想。

他是中华民族进入太空的第一人，是我们的航天英雄。

是什么让他从一千多名"天之骄子"中脱颖而出，成为出征太空第一人？

成为航天员的道路上，又有哪些挑战和磨难？

星光

名称：杨利伟星

国际永久编号：21064

发现日期：1991 年 6 月 6 日

发现人：西班牙天文学家艾斯特

公转周期：5.65 年

看，杨利伟

2003 年 10 月 16 日凌晨，大多数国人还沉浸在睡梦中，有一群人却早已在内蒙古中部的草原上翘首以盼。可以说，中华民族为这一刻已经等了太久——6 时 23 分，安全返回的神舟五号载人飞船顺利着陆。航天员杨利伟自主出舱，对着镜头说："我为伟大祖国感到骄傲。"周围一片欢腾。这标志着我国成为世界上第三个独立掌握载人航天技术的国家。

无数人通过电视收看关于"神五"着陆的报道，也认识了他——杨利伟，华夏飞天第一人。面对镜头，面对潮水般涌来的关注和崇拜，他沉稳、平静，和善地微笑着。如今，距离他飞天圆梦已经过去了二十多年，我们还能在一些有关航天的场合见到他，他风采依旧，沉稳、平静，带着和善的微笑，

他一直是我们的英雄。

"航天员"这三个字令人敬佩，它代表着超常的身体素质、超强的心理素质、卓越的综合能力，以及坚韧、勇敢、忠诚、奉献的美好品质。他们是人中豪杰，经过层层筛选，优中选优，少之又少。他们与风险相伴，与光荣同行，挑战我们不曾经历的极限，领略我们无法体验的壮阔，代表我们去完成普通人向往却难以胜任的使命。那么，究竟是什么样的经历让杨利伟蜕变成为一名航天员，并有幸成为我国飞天第一人呢？

神舟飞船是我国自主研制的载人航天飞船。从神舟一号到神舟四号均不载人，主要测试飞船的安全性、返回技术、运载火箭技术等方面。神舟五号开始搭载航天员；神舟七号的航天员则实现了我国首次太空漫步；神舟八号首次与天宫一号对接，这一成果宣告我国具备了独立发展空间站的能力；神舟十号的航天员进行了我国首次太空授课。如今，发射神舟飞船已成为常态化任务，航天员能通过神舟飞船到中国空间站开展工作。

长大后，要参军

1965年，杨利伟出生于辽宁省葫芦岛市。他原名叫杨立伟，长大一些后，因为觉得"利"字有"胜利"之意，便自己改了名字。

　　有一回考试，就因为一道难题没答上来，他回到家就"死磕"到底，说什么也要把它做出来。先吃饭不行吗？不行！等着老师讲不行吗？不行！非要自己解出来不可。最终题目解出来了，他高兴坏了，还在试卷旁边写道："攻克难题是我最大的快乐！"正是这股渴望胜利、不服输的"牛劲儿"支撑他日后以优异的成绩扛住了航天员培训中的海量学习任务和各种挑战人体极限的训练。

　　由于家离海边近，杨利伟小时候常去海边玩，辽阔的大海让人心胸开阔，也容易让人生出高远志向。看着天边飞翔的海鸥，他想象着自己也能像海鸥般在天地间自由翱翔。渐渐地，当飞行员驾驶飞机翱翔于蓝天成为他的梦想。

　　在成长道路上，对杨利伟产生深远影响的，还有一部叫《林则徐》的电影。这部电影再现了民族英雄林则徐果断销烟、大力禁烟以维护国家尊严和利益的故事。影片还展现了清政府的软弱昏庸、英国人悍然发动的鸦片战争，以及中国人民的不屈反抗。许多人看过后心潮难平，杨利伟也不例外。那时他还在上小学，和好友结伴去邻村看了这部电影。观影后杨利伟心情非常激动，当时天已经黑了，两个孩子难免有些害怕，回家路上就手拉着手。好友明显感到杨利伟的手一直在颤抖，但他严肃地告诉好友，长大后他一定要参军，只有参军才能保卫祖国，让国家富强！

从飞行员到航天员

1983 年，杨利伟高中毕业，迎来了实现梦想的机会——中国人民解放军空军在当地招募飞行员。杨利伟报名并顺利通过了选拔，成为中国人民解放军空军第八飞行学院的一名学员。4 年后，顺利毕业的杨利伟光荣地成了中国人民解放军的一名战斗机飞行员。接下来的 10 年，他驾驶"战鹰"安全飞行 1300 多个小时，被评为一级飞行员。

1992 年，由于部队调整，杨利伟所在的师被精简。此时，正值我国民航事业大发展的时期，脱下军装后，他可以去航空公司当飞行员。民航客机驾驶设施完备、自动化程度高，只需按照航线稳稳当当地飞，不用做高难度的格斗动作。对于开过战斗机的飞行员来说，驾驶民航客机根本不在话下，而且收入也高。杨利伟却仍希望献身国防，他向组织递交了申请留在部队的决心书。最终，部队批准了他的请求。

命运既有转折，也有巧合。就在他一笔一画决心写书这一年的 9 月，我国开始独立自主实施载人航天工程，并确定了"三步走"的发展战略。

第一步：发射载人飞船，建成初步配套的试验性载人飞船工程，开展空间应用实验。

第二步：突破航天员出舱活动技术、空间飞行器交会对接技术，发射空间实验室，解决有一定规模的、短期有人照料的空间应用问题。

第三步：建造空间站，解决有较大规模的、长期有人照料的空间应用问题。

简单地说，就是首先要有（飞）"船"，能把人送到天上去，实现载人安全往返于天地之间——这是第一步。

造"船"为的是建（空间）"站"。我们去太空不是"到此一游"，不是"拍照打卡"，而是要利用太空特殊的微重力环境，进行空间科学实验研究——这是第三步。有些科学研究在地球上无法开展，必须到太空进行。既然要在太空干大事，那驻留时间自然不会是一天两天、十天八天。因此，中国空间站——中国人在太空的"三室一厅"里各种大家什、小物件不可能一股脑儿地发射上去，必然是分批运送的。第二步的交会对接等主要解决"船"给"站"运送物资补给的技术问题。

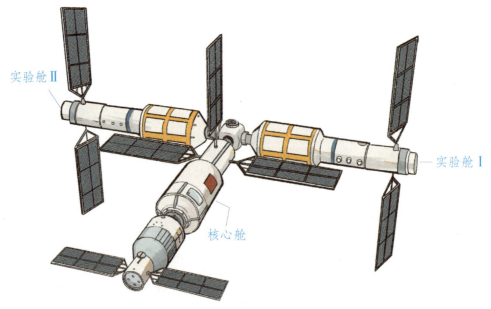

中国空间站由一个核心舱和两个实验舱组成

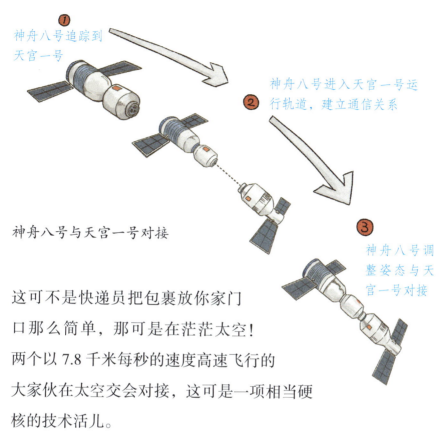

① 神舟八号追踪到天宫一号

② 神舟八号进入天宫一号运行轨道，建立通信关系

③ 神舟八号调整姿态与天宫一号对接

神舟八号与天宫一号对接

这可不是快递员把包裹放你家门口那么简单，那可是在茫茫太空！两个以 7.8 千米每秒的速度高速飞行的大家伙在太空交会对接，这可是一项相当硬核的技术活儿。

这"三步"任重道远，需要扎扎实实地完成，每一步都离不开人——能上天执行任务的航天员。中国载人航天工程开始选拔首批航天员。1500 多名空军飞行员参加选拔，杨利伟也在其中，经历了 2 年漫长而又严格的选拔，杨利伟和另外 13 名战友一起成为我国首批航天员。1500 多名"天之骄子"中只选出 14 名，当真是凤毛麟角！

然而，这仅仅是开始，等待他们的"飞天"之路远比九九八十一难还要艰难。

魔鬼训练

王亚平在见到前辈杨利伟时，她问了一个问题："作为航天员最难的是什么？"

答案出人意料！不是危险，不是身体的极限，不是精英间的激烈竞争，也不是独处茫茫宇宙中周围深不见底的恐惧感，竟然是一个再寻常不过的词：

学习

学习？学什么？

——高等数学、天文学、解剖学、空气动力学、机械制图……学习的内容几乎是半个大学所教授的课程知识。涉及上天入地的七十二般技能，学习的标准提到顶点，学习的时间还被压缩到最短。学习，我们都经历过，但这样的学习实在是太具挑战性了吧？

从飞行员到航天员的学习内容分为 8 大类，囊括几十个科目，选拔者头脑接受的"知识暴击"比迎接高考的"高三党"

20 世纪 90 年代，以美国和俄罗斯为首，由 16 个国家和组织参与的国际空间站合作项目将中国拒之门外。或许他们做梦也没想到，这种排斥和封锁行为，竟然加倍激发了中国人的斗志，促使中国在不懈努力中脱颖而出，成为航天强国。按照目前的发展趋势，几年后国际空间站将退役，届时，中国空间站将成为太空中唯一在轨运行的空间站。而我国始终展现出开放包容的胸怀：欢迎世界各国积极参与并利用中国空间站开展搭载实验项目。

还要强烈，身体经受的考验比备战奥运会的运动员还要严苛。因为只有这样，他们才能适应太空特殊的环境，应对各种场景，胜任各种任务。

航天员首先要适应太空环境，学会在失重环境下生存。在地球上，地球的重力把我们牢牢"吸"住。然而，当航天员身处太空，就不在地球重力的"服务区"了。通过电视我们可以看到，航天员是飘着的，女航天员的长发肆意摆动如同水草。或许你不知道，他们身体里的各种体液也都会向上涌，所以我们看到在太空出差的航天员，脸都比在地面上时更圆润，并不是他们在太空吃胖了，而是失重导致身体发生变化。那么失重究竟是一种什么感觉呢？你坐海盗船或过山车从最高处向下冲时，那种心里空荡荡、四肢软绵绵的感觉就是失重，有一种说不出的难受。我们体验的失重只有短短一瞬，而航天员则要在失重状态下生活多个日夜。

为了适应失重状态，杨利伟和他的战友们要进入失重模拟器进行训练，不断感受失重状态，一练就是三四个小时。有人会呕吐，有人会晕眩，每个人体力消耗都极大，每次训练结束体重都会明显下降。

除了失重，航天员还要适应超重状态。失重是感觉不到重力，超重则是承受几倍的重力。坐过山车时我们也感受过超重，但通常不超过我们自身重量的 2 倍。对于普通人来说，当超重达到自身重量的 3 倍时就难以忍受，甚至会有生命危险。而航天员需要扛住高达自身重量 8 倍的超重，还要在忍受超重带来的不适的同时，保持头脑清醒，完成规定技术动作。

在离心机里，当加到自身重量 5 倍时，人体的感受就像是有几百斤的巨石压在身上，呼吸困难，五脏六腑都被撕扯着，眼前一片漆黑。这个训练场面，航天员都不想家属看到，因为此时他们的脸都变形了，与平时判若两人，担心家属看了承受不了。而这项训练对航天员的要求不光是能扛住超重，还要判读信号、回答提问、发送指令。天哪，真是太难了！好在留了一条后路：航天员手里握着一个按钮，要是实在熬不住，可以按下按钮让设备停下。然而这么多年，这个按钮从未被按下。

成为航天员的训练没有最难，只有更难。他们还要被关"小黑屋"，这并非惩罚，而是一种训练。我们幻想的太空不是童话就是科幻，而实际的太空是生命禁区，压抑得让人崩溃。航天员所处的飞船或空间站都是狭小密闭的空间，各种仪器还会持续发出噪声，很容易让航天员出现心理问题。现在的中国空间站有 50 立方米，这让杨利伟直呼非常羡慕！要知道，他乘坐的神舟五号飞船内部只有 6 立方米，连大一点的动作都做不

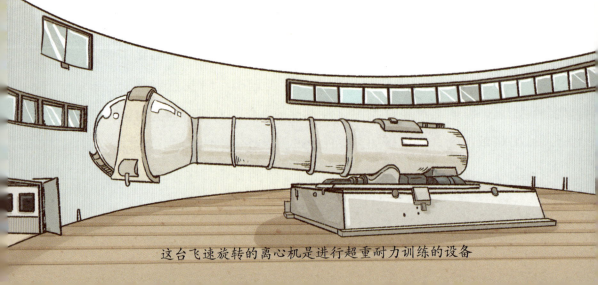

这台飞速旋转的离心机是进行超重耐力训练的设备

了。孤身一人被关在里面，时间和空间仿佛都不存在，如同被罚禁闭，这种离群索居的孤独感、被幽闭于狭小空间的窒息感真能让人崩溃。因此，每一名航天员都要接受针对这种情况的心理隔离训练。他们会被封闭在无窗的小屋内，整整 3 天不能睡觉，还要保持头脑清醒从而完成任务，一刻都不能打盹。可以说，每一个能够承受住航天员训练的人，都是超人。

经过 5 年的艰苦训练，杨利伟具备了独立执行航天飞行的能力。2003 年，杨利伟被授予三级航天员资格，并且被确定为中国首次载人航天飞行的候选航天员之一。

中国人来到太空啦

2003 年 10 月 15 日 5 时 28 分，酒泉卫星发射中心，整装待发的杨利伟站在欢送的人群当中，郑重地向总指挥李继耐请示出发："总指挥同志，我奉命执行首次载人飞船飞行任务，准备完毕，待命出发。请指示！中国人民解放军航天员大队杨利伟。"

5 时 58 分，杨利伟来到火箭发射架。

6 时 15 分，杨利伟开始进行一系列检查和报告："北京，我是神舟五号……"

8 时整，进入 1 小时准备，发射区内全体人员开始撤离。

8 时 30 分，巨大的发射架徐徐打开，白色的长征二号 F 捆绑式火箭巍然屹立。

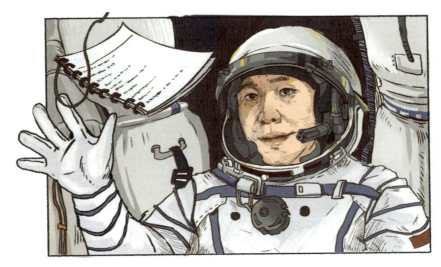

在神舟五号中展示飞行手册的杨利伟

8时59分，倒计时1分钟准备，50……30……5、4、3、2、1。

9时整，点火！烈焰熊熊喷出，火箭托举神舟五号飞船冲天而起。

9时35分，杨利伟在飞行手册上写了一句话："为了人类的和平与进步，中国人来到太空了！"

现在，我们带着神舟飞船已经成功发射多次的记忆，回望杨利伟的这次飞行，仿佛他安全返回是顺理成章，皆大欢喜是写好的"剧本"。其实在这次飞行前，杨利伟的各项准备中是有"牺牲"这一项的。毕竟，爆炸、失控、坠毁……悲痛的惨剧贯穿航天史，留下斑斑血泪。

1986年1月28日，美国的挑战者号航天飞机在发射后73秒爆炸，机上7名航天员全部遇难。这是它第10次执行任务。

2003年2月1日，美国的哥伦比亚号航天飞机在执行第

28 次任务，重返大气层时爆炸解体，机上 7 名航天员全部罹难。

2003 年 8 月，巴西的 VLS 型卫星运载火箭在进行发射前的检修测试时发生爆炸，造成至少 21 人死亡，另有 20 人受伤，发射台也只剩下一具凄凉的骨架。

后两件惨剧就发生在神舟五号发射的 2003 年。在这之前，国际上已有 20 多名航天员因为意外事故而丧生。而这些接踵而来的事故没有吓到杨利伟，没有吓到中国航天人，他们没有丝毫退缩，他国失败的教训鞭策他们把工作和训练做到极致。

飞船绕着地球以 90 分钟每圈的速度飞行。飞船内时而白天，时而黑夜，杨利伟除了欣赏太空的奇妙景象，还需全神贯注地完成各项任务。在经历 14 圈的在轨飞行后，杨利伟驾驶神舟五号飞船安全返回地面。整个飞行过程中，他没有出现一次操作失误。飞船总设计师高度评价杨利伟的太空飞行："不是一般的成功，而

只有知道他们经历了什么，才能体会"英雄"二字的分量。当 0 号指挥员下达神舟五号飞船发射"1 分钟准备"的口令时，现场气氛紧张到仿佛凝固了一般，很多人连大气都不敢出。而杨利伟独自待在飞船里，依旧表现沉稳。医学监视仪器显示，杨利伟的心率为 76 次每分。国外资料显示，飞船发射前航天员往往会因为紧张激动，心跳加快，有的甚至达到 140 次每分。杨利伟却仍然心态平稳，他确实是真英雄！

是非常成功；不是一般的完美，而是特别完美。"

2003 年 11 月，杨利伟被中共中央、国务院、中央军委授予"航天英雄"荣誉称号，并颁发"航天功勋奖章"；后来，他还被评为"中国十大杰出青年"之一，"感动中国 2003 年十大年度人物"之一。

2005 年 3 月，编号为 21064 的小行星被正式命名为"杨利伟星"。

现在，杨利伟仍然工作在航天战线，只不过"神五"归来后，他不再担任航天员，而是转换了角色，从事航天员选拔、培训工作，担任中国载人航天工程副总设计师，成了托举更多英雄飞天逐梦，助力祖国筑梦太空的幕后英雄。

实现中华民族千年飞天梦想是一个神圣的使命。我们无论是谁去执行这次任务，都代表着祖国和人民去实现这一理想。我们现在想得最多的就是飞行程序和操作，以及如何全力以赴地去完成这次任务。

——杨利伟

神舟星
编号：8256

费俊龙星
编号：9512

聂海胜星
编号：9517

林元培

　　他是我国住房和城乡建设部认定的第一批中国工程设计大师。

　　他是桥梁设计大师，设计过 20 余座大跨度桥梁，上百座中小桥梁。

　　他是"励志之星"，中专毕业，工作后靠自学，当选中国工程院院士，成为世界著名桥梁工程专家。

　　诸多荣誉在手，你知道让他最开心的事情是什么吗？

星光

名称：林元培星

国际永久编号：210230

发现日期：2007 年 9 月 11 日

发现单位：中国科学院紫金山天文台

公转周期：3.85 年

中西合璧，一座桥上的巧妙匠心

在上海市黄浦区（原卢湾区）的黄浦江上，有一座跨江大桥。如果你见过一些古老的桥，就算第一次看它，也会觉得眼熟——对！就是那道优美的弧线，来自中国传统的拱桥。这座桥叫卢浦大桥，是上海的标志性建筑之一。

卢浦大桥

卢浦大桥于 2003 年通车运营，线路全长 8722 米，宽 28.75 米，其中主桥长 750 米，跨度 550 米，建成时是世界上跨度最大的全钢结构拱桥。除了拱桥的元素，卢浦大桥在建设中还融合了斜拉桥、悬索桥的工艺技术，即一座桥上融合了三种不同类型的桥梁工艺，可以说是中西合璧。卢浦大桥凭借高颜值的外观造型和复杂的施工工艺，在我国桥梁建设历史上占有一席之地。

"地基不给力"是卢浦大桥的建设者面临的首要难题。谁不给力呢——土地爷不给力。拱桥有两只"脚"，这两只"脚"非常重要！不仅要承担桥的重量，还要顶住桥拱向外的推力。顶不住可不行，"脚"要是顶不住，桥就会塌。"脚"能不能顶得住，当然需要土地爷给力，拱桥的两只"脚"通常要踩（建）在坚硬的岩石上，而上海的土地是典型的软土地，找不到坚硬的岩石让大桥落脚。没关系！土地爷不给力，建设者的脑子给力：让大桥"多长一根骨头"——在两只"脚"之间增加拉杆，来抵消桥的外推

星闻

我国的拱桥建造始于东汉时期，尽管起步晚于古罗马，但我国的拱桥以形式多样、造型优美的特点，在世界桥梁建筑领域独树一帜。有如同驼峰突起的陡拱桥，有好似皎月般的坦拱桥，还有能够形成自然纵坡的长拱桥。位于河北省的赵州桥，建于约 1400 年前，是世界上现存年代最久远、跨度最大、保存最完整的单孔石拱桥。

陡拱桥（颐和园玉带桥）

坦拱桥（赵州桥）

长拱桥（河北永济桥）

力。这样，大桥就稳稳地站住了！卢浦大桥是世界上第一座建在软土地基上的全钢拱桥。

黄浦江是一条繁忙的货运航道，每天都有许多货轮往来于江面上。这会不会给在江上架桥带来什么新问题呢？拱桥的两只"脚"跨在河两岸，中间没有桥墩立在河水里，施工过程中总不能一步就跨过去吧？一般建设拱桥，先要在水面上搭建施工平台，托举"拱"的部件，工人也可以在平台上行走、工作，等桥建成后，再拆除施工平台。可要是搭了施工平台，船就过不去了，会影响船只通航。卢浦大桥在建造过程中，没有搭建水上施工平台，而是在江岸的两侧各建起了一座128米高的临时钢塔，利用斜拉桥的技术，用绑在钢塔上的钢索固定"拱"的部件，把从下面"托举拱"变成从上面"拉住拱"。这种工艺是世界首创，为今后拱桥的建造提供了范本。

当时，世界上已经建成的大型钢拱桥都是采用铆钉连接的，这样施工简单，但建成后的桥身上免不了布满密密麻麻的螺帽，看上去感觉像是大桥长了一身"鸡皮疙瘩"，非常影响美观。卢浦大桥的建设者用焊接技术连接桥体零件，因此大桥的"皮肤""不长痘"，清爽多了！不过这就非常考验焊接技术了！焊缝总长达 4 万米，相当于马拉松赛道的长度。每一条焊缝都必须做到零瑕疵，合格率必须达到 100%。但凡有一条焊缝不合格，就会给大桥留"口子"，"千里之堤毁于蚁穴"，后果不堪设想。因此，敢于采用这个方案施工，体现的是大国工匠的技术和实力，以及制造业强国的自信和底气。

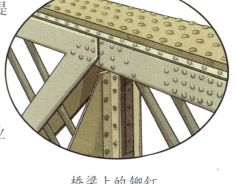

桥梁上的铆钉

是百年大计，更是几代人的梦想

卢浦大桥的设计师是上海市政工程设计研究总院的总工程师林元培。1936 年，他出生于上海，小时候家境贫寒。"人穷志不穷，一个人，给你一座银行，不如身怀绝技。"父亲的这句话，一直深深印在林元培的心里，要想做一个有用的人，只有学习、学习、再学习。

1954 年，18 岁的林元培从上海土木工程学校毕业，进入

上海市政工程设计研究总院工作。上海土木工程学校是一所中专学校，中专也就成了林元培的最高学历。但不上学不等于不学习，林元培靠自学掌握了很多深奥的大学知识，并在工作中一点一滴地积累才干，49岁时他当上了上海市政工程设计研究总院的第三代总工程师。他站在黄浦江边扶着栏杆，望着奔流不息的江水，说："在黄浦江上造桥，是我们几代工程师的梦想。"

黄浦江是长江流入大海前的最后一条支流，它流经上海市区，把上海分成了浦东和浦西，上海的老城区都位于浦西，闻名中外的外滩就位于浦西的黄浦江畔。因为黄浦江的天然分割，浦西和浦东"画风"迥然不同。浦西是摩登繁华的大上海，浦东则荒凉得让人怀疑这里是不是上海。老上海人说："宁要浦西一张床，不要浦东一间房。"然而，浦东的面积比浦西还大呢，白白荒着太可惜了！要想开发浦东，造桥修路就要先行。早在1931年，就有上海商人打算在黄浦江上造桥，但民国政府没有批准。抗日战争结束后，上海专门成立了"越江工程委员会"，拨款2亿元法币作为设计经费，邀请我国著名桥梁专家茅以升先生设计跨江大桥。2亿元法币，听起来像是一笔大钱，可那时物价飞涨，2亿元法币后来竟然只够买20斤茶叶！造桥大计自然也难以推进。

20世纪80年代末，作为开发浦东的前奏，上海市决定在黄浦江上建造南浦大桥。设计桥梁的任务落到了上海市政工程设计研究院，担任设计研究院总工程师的林元培成了大桥的总设计师。

"你有没有把握？有多少把握？"

"我有 80% 的把握。"

这是时任上海市市长的朱镕基同志和林元培之间的一段对话。其实当时林元培憋在心里，没有说出来的另一句话是："还有 20% 的风险，但我会用 120% 的努力去克服。"在新华社的新闻稿中，建造南浦大桥被称为"上海的百年大计"，国家对南浦大桥的建设非常重视。林元培也感受到了自己肩上担负的压力，他对家人说："设计南浦大桥，有一种走在悬崖峭壁上的感觉，但我一定要走过去。"

早先，建在武汉和南京的两座长江大桥，由多个桥墩支撑，立在水中。而在黄浦江上若也造这样的桥，一个个桥墩扎进水里，就像栅栏一样，大船通过江面就难了。黄浦江可是号称"黄金水道"啊！上海历经风风雨雨，从过去的"东方巴黎"到今天的"魔都"，成为我国重要的经济中心，黄浦江在其中发挥了不可忽视的

星 闻

斜拉桥通常由桥塔、主梁和斜拉索组成。桥塔高高耸立，是桥的主要支撑结构。多条斜拉索固定在桥塔和桥的主梁之间，让桥梁保持水平状态，随后在主梁上铺设路面。根据需要，斜拉桥可以设计成单塔、双塔或多塔的形式。和传统的桥梁相比，斜拉桥更省材料，桥梁整体的重量更轻，建造成本也有所降低，因此很受桥梁设计师的青睐。

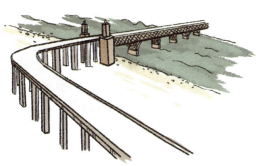

武汉长江大桥和南浦大桥（斜拉桥）

作用。修桥是为了拓展交通，绝对不能把"黄金水道"堵住。因此，林元培给南浦大桥选定的桥梁形式是斜拉桥，彼时我国建造斜拉桥的经验尚不足，恰逢世界上首座采用叠合梁结构的斜拉桥——加拿大的安纳西斯桥刚刚建成，林元培打算参考这座桥进行设计。

谁知，去加拿大考察的工程师给他打来越洋电话，报告说安纳西斯桥出现了许多裂缝！这可不是小事，为什么会出现裂缝？林元培亲自赶赴加拿大，实地勘察安纳西斯桥的情况，拍摄了100多张照片。经过分析，他提出了可能导致裂缝出现的4种原因，回国后通过计算机模拟计算，证明了自己的推测是正确的。随后，他吸取了前车之鉴，据此修改自己的设计方案，确保南浦大桥不会重蹈覆辙。

南浦大桥于1988年底开工，1991年建成通车，是上海市区第一座我国自行设计、建造的双塔双索面叠合梁斜拉桥，"盘龙昂首"的引桥部分设计得既漂亮又实用。南浦大桥的建成大大提高了浦东地区的交通水平，奏响了浦东开发的序曲。

随后，杨浦大桥、徐浦大桥、卢浦大桥等相继建成。飞架在黄浦江两岸，为国家开发浦东的战略目标铺设了一条条通达之路。浦西的繁华和活力涌入浦东，让浦东新区逐渐成为如今上海经济发展的龙头，我们熟知的上海"三件套"就矗立在浦东，是上海发展和繁荣的"代言人"。

在卢浦大桥之前，林元培已经在黄浦江上设计建造了三座大桥，都是斜拉桥，对于他来说，在黄浦江上造桥已经轻车熟路。如果照方抓药，用之前的套路再建造一座新桥，不是什么难事。作为设计者，他希望自己造的桥不仅仅是交通工具，更是科学、工程和美的结合，他希望打造一个艺术品

南浦大桥，你能看得出"盘龙昂首"的造型吗？

献给上海的母亲河。抱着这样的想法，林元培放弃了他驾轻就熟的斜拉桥设计，选择了自己从未涉足的大跨度拱桥，并且将斜拉桥、悬索桥的技术融入其中，于是有了上海城市新地标——卢浦大桥。

南浦大桥、杨浦大桥、徐浦大桥、卢浦大桥，每座桥都在建筑史上可圈可点。南浦大桥不仅是上海市区第一座跨越黄浦江两岸的大桥，建成时的跨度更是亚洲第一、世界第三；杨浦大桥建成时荣膺世界第一斜拉桥。对于这四个"浦宝宝"，林元培毫不掩饰地表示，最偏爱的还是"老幺"卢浦大桥。

跨海飞虹新突破

卢浦大桥是林元培退休前设计的最后一座跨越黄浦江的大桥。他原以为，这将是自己的收官之作，时代却把一个更有挑战性的宏大工程送到他面前。以前都是跨江，这次是要跨海——这座桥连接的是上海市和孤悬海上、位于浙江东部海面上的洋山岛。为什么要造这样一座桥呢？

上海是我国重要的经济中心、金融中心，背靠长江、面朝大海的地理优势也使它成为我国重要的航运枢纽。遗憾的是，上海的航道有一个天然缺陷——水深不足。退潮时，上海港的水深只有 7 米，要想停靠 10 万吨级以上的货轮，水深至少要达到 15 米。如果水深不足，巨轮开不进上海港，那么船运公司就会选择停靠到新加坡港、韩国的釜山港或其他港口，再用小一些的轮船将货物运到上海。这样，一方面增加了我国进出口货物的运输成本，另一方面也会失去一些国际贸易的机会。因此，在上海修建深水港成为当时的迫切任务。

勘探人员找遍上海周边的海域，最终，位于杭州湾的大洋山岛和小洋山岛进入了他们的视野。这里平均水深超过15米，风浪不大，是个建港的好地方。可缺点也显而易见，这里可不是陆地，它们是散落于海上的十几个大大小小的岛屿，离陆地远着呢！即便是其中面积最大的大洋山岛，陆地面积也才4平方千米，根本不够建设港口。

不过，这些问题可难不住中国建设者，谁让咱们是"基建狂魔"呢！岛不够大，建设者们就吹沙填海，把岛和岛之间的海域填平，硬生生造出一片陆地来！远离大陆，造一座

我国第一座跨海大桥——东海大桥

桥不就把岛屿和陆地连上了？没错，这座桥要造在海上，总长度 30 多千米，我们国家在此之前还没有建造过跨海大桥，这样的工程必须请林总师出山。

在 50 多年的职业生涯里，林元培设计过 20 余座大跨度桥梁，上百座中小桥梁。东海大桥是他第一次从江到海的设计实践，必然要面对新的风浪险阻。海上风高浪急、无依无靠，周边没有能够固定施工设备的陆地。建设时不仅要防风抗浪，对付海水的腐蚀性，还要应对复杂的海上施工环境。而最大的考验在于，这是我国第一次造跨海大桥，没有经验可以借鉴，也没有教训可以吸取。

最终，林元培带领团队克服种种困难，让东海大桥得以顺利建成并通车。这样一来，从浦东新区直达洋山港只需 30 多分钟。这条蜿蜒在海上的"巨龙"助力上海港一跃成为世界第一大集装箱吞吐港口。2002 年 6 月 26

星 慧

在院士群体中，只有中专学历而当选院士的人凤毛麟角，林老真的很让人钦佩！他的学习能力必定超强，尽管没有进入大学深造，但每项工程、每座桥都如同天天"留作业"、时时"出考题"一般，而他都能完美地交出答卷。如今林老已 80 多岁高龄，依然坚持上班。他在闲暇时用来解闷的方式也十分令人惊叹：阅读数学书籍！对于当年父亲教导他的道理——"给你一座银行，不如身怀绝技"，他用自己一生的经历给出了最为精彩的诠释。

日，东海大桥开工建设，2005 年底通车，仅用三年半的时间就成了世界排名第四的跨海大桥，这又让外国人惊叹不已。林元培首创的海上桥梁大型构件预制、运输和海上吊装一体化的设计施工技术，成为我国后续建设跨海大桥的范本。

东海大桥通车那一年，林元培当选为中国工程院院士。为了表彰他在桥梁领域的杰出成就，2015 年，国际编号为 210230 的小行星被正式命名为"林元培星"。地上有他造的桥，天上有以他名字命名的星，这是多么令人敬佩的成就和荣誉。在小行星命名仪式上，林元培院士感慨地说："这一生最高兴的事，不是获得院士称号，也不是获得小行星命名等荣誉，而是这么多年来，我造的桥都是安全的，没有出现过一次问题。"

我不读书会很空虚，读了书很开心，又多了一份知识。

——林元培

茅以升星

编号：18550

屠呦呦

　　她是我国第一位获得诺贝尔奖的本土科学家。

　　她从千年前的古籍医书中汲取智慧，是我国中医药科技创新的优秀代表。

　　她是国家最高科学技术奖获得者，被党中央、国务院授予"改革先锋"称号并颁授"改革先锋"奖章，习近平总书记向她颁发"共和国勋章"。

　　她的发现源于一种平凡的小草，相关成果被视为"来自中国的礼物""中国神药"。

星光

名称：屠呦呦星

国际永久编号：31230

发现日期：1998 年 1 月 18 日

发现单位：中国科学院国家天文台

公转周期：4.40 年

这种病有多可怕

"这件衣服你穿了又脱，脱了又穿，你是不是'打摆子'呀？"

你听过这样的话吗？你知道"打摆子"是什么吗？

"打摆子"就是疟疾，而疟疾则是一种古老又可怕的传染病。早在 3000 年前，我国就有关于这种疾病的记载，中医将其称之为"寒热重症"：病人一会儿热、一会儿冷，发起热来，浑身滚烫，严重的还会晕过去；冷的时候，即便盖三床大厚被子还哆嗦个不停，相当痛苦！

在国际上，疟疾也被视为一种恐怖又棘手的传染病，尤其是在热带地区。世界卫生组织公布的数据显示，仅 2019 年，全世界就有 2.29 亿人感染疟疾，死亡人数多达 40.9 万，而且

每年新增感染人数也在 1 亿以上。

然而，我们对疟疾好像普遍没有太多感知，没听说周围有人得这个病。那是因为我们大多不在它的"服务区"，疟疾主要肆虐于热带地区，尤其是非洲，全世界 90% 以上的疟疾患者都在非洲。而我国的大部分地区属于温带，再加上国家大力灭蚊，现在我国疟疾的发病率已经极低了。

蚊子和疟疾的传播关系紧密。我们熟悉的很多传染病是由细菌或者病毒传播引起的。但传播疟疾的病原体既不是细菌，也不是病毒，而是疟原虫。虽然名字里有"虫"字，但这家伙跟昆虫没有任何关系。它是一种单细胞生物，可以生活在人的血液里。别看平时一些细菌、病毒搞得我们感冒发烧，跟疟原虫的传播方式一比，它们只能算"赤手空拳"。人家疟原虫都"开上战斗机"啦——它们寄生在蚊子体内。蚊子到处飞，一个俯冲降落在人或动物身上大肆吸血，若是蚊子叮咬的刚好是感染疟疾的人，疟原虫就会跟着血液进入蚊子体内，而当这只蚊子再去叮咬一个健康人时，疟原虫就

发现蚊子能够传染疟疾的人是一位名叫罗纳德·罗斯的英国医生。他在印度捕捉了许多蚊子并一一解剖，在蚊子体内发现了疟原虫，从而证明蚊子是传播疟疾的罪魁祸首。罗斯因此获得了 1902 年的诺贝尔生理学或医学奖。人们把他取得这一重大发现的日子——8 月 20 日定为"世界蚊子日"。

趁机"偷渡"到这个人体内，这个人就"中招"啦！

"中招"之后怎么办？难道就等着被疟疾"虐"死吗？有没有药能治这种病？能不能做得更彻底些，研制一种杀虫剂，从源头上把蚊子消灭干净？

它们为啥"下架"了

疟疾的历史很长，人类的抗疟之路也很漫长。既然知道蚊子是传播疟疾的帮凶，那还等什么？赶快想办法灭蚊啊！

1939 年，一名叫保罗·赫尔曼·穆勒的瑞士化学家在实验室"压箱底"的化学试剂中，发现了一种叫作双对氯苯基三氯乙烷的东西。它是化学家们在实验室里人工合成出来的，尽管已经问世 60 多年了，化学家们一直没看出它有什么用，就把它丢在实验室里。

穆勒翻箱倒柜找出它来，并不是闲得无聊，而是因为他被公司分派了一个研发杀虫剂的差事。他发现，双对氯苯基三氯乙烷无色无味，却能够杀死几乎所有的昆虫，并且对人和牲畜无害，更令人惊喜的是，价格还可以做到非常亲民。它用在城市里，是杀虫剂中的佼佼者；用在农村，就是农药里的"人间理想"。唯一的缺点恐怕就是名字太长，不好记。那不要紧，它的英文缩写不是 DDT 吗？就叫 DDT 好了！中国人为了省事，直接叫它滴滴涕。

没过多久，滴滴涕就被大量生产并投入使用了，效果相

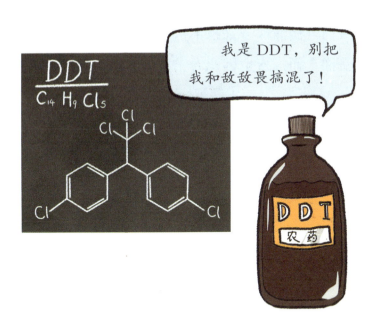

当亮眼。一方面，滴滴涕喷向虫子不啻投下原子弹，害虫锐减，粮食增产；另一方面，滴滴涕一喷，蚊子死光光，得疟疾的人少了。到1962年，全球疟疾的发病率大幅下降，人们简直爱死滴滴涕了！各国响应世界卫生组织的建议，都在当年的"世界卫生日"这一天发行了世界联合抗疟疾的纪念邮票。在邮票中，许多国家都不约而同地采用了喷滴滴涕灭蚊的画面，说明各国都把滴滴涕视为"抗疟明星"。

穆勒因为发现滴滴涕是一种高效杀死多类节肢动物的接触性毒药而获得1948年诺贝尔生理学或医学奖。

因为对滴滴涕的安全性深信不疑，人们一点都没想过防范它。随着滴滴涕的大量使用，人们逐渐发现它会在环境中不断积累，导致鸟类下软壳蛋，这样的蛋是不能孵出小鸟的，被美国人奉为"国鸟"的白头海雕就差点儿因此断子绝孙。

于是，人们对滴滴涕越来越不信任，很多国家都禁止生产和使用滴滴涕。而疟疾也因此卷土重来，患疟疾的人又开始多起来。

那么，有没有能治疗疟疾的特效药呢——有！

在南美洲的安第斯山脉，生长着一种高大的乔木，远远望去，浓绿的树冠特别漂亮。这种树的名字叫作金鸡纳树。欧洲人来到南美洲，也有染上疟疾的，当地人用金鸡纳树的树皮治好了欧洲人的疟疾。这样，金鸡纳树被欧洲人认识，并被带到欧洲。

金鸡纳是 Cinchona 的音译，给金鸡纳树命名的人是瑞典生物学家卡尔·冯·林奈。

　　清朝的康熙皇帝也得过疟疾，同样苦不堪言。当时在中国的欧洲传教士向康熙皇帝进献了金鸡纳霜，果然奏效。康熙皇帝康复后龙颜大悦，把金鸡纳霜称为"圣药"。《红楼梦》的作者曹雪芹的祖父曹寅和康熙从小一起长大，是康熙特别信赖的大臣。他在南京做官时得了疟疾，康熙皇帝得知后非常关切，派人骑快马连夜赶往南京，给曹寅送金鸡纳霜。可惜那时没有"次日达"的快递，即使快马加鞭也没超越死神降临的速度，等金鸡纳霜送到南京，曹寅早已一命呜呼。

　　金鸡纳霜是一种草药，和我们在中药房看到的金银花、桑白皮、鱼腥草没有本质上的差别。19世纪初期，两名法国药剂师从金鸡纳树的树皮中提取出一种白色粉末，它其实是一种生物碱，能够治疗疟疾，这就是后来在医药界如雷贯耳的抗疟药——奎宁。从18世纪中期，一直到第二次世界大战结束之后的20世纪60年代，金鸡纳霜、奎宁和由奎宁派生出来的其他药物一直是抗疟的主力军。但疟原虫也不是好对付的，要论在地球上的"资历"，人类在它们面前都要算"小字辈"。早在3000万年前，地球上就有疟原虫了，那时候还没有现在的人类呢。疟原虫和蚊子"联手作案"，在包括古人类、猩猩等灵长类动物身上为非作歹，横行霸道了千万年，哪里是那么容易束手就擒的？人类有药，"小疟"有招儿。随着奎宁被使用得越来越多，疟原虫逐渐适应了它，进化出了抗药性，新生代的疟原虫面对奎宁"刀枪不入"。

　　奎宁不给力了，疟疾卷土重来了，死神的手又伸过来了，怎么办——赶快研发新的抗疟药物！

一把青蒿

为了寻找新的抗疟药物，美国不惜血本，试遍了约 21 万种化合物。

1967 年 5 月 23 日，我国启动了代号为"523"的疟疾研究协作项目，目的就是找到新的可用于治疗疟疾的药物，全国 60 多家单位的 500 多名科研工作者投入了这场没有硝烟的战争。1969 年，供职于中药研究所的屠呦呦加入了这个研究项目，她和同事们的任务是从传统中药中发掘有效的抗疟药。

屠呦呦和同事们首先翻开古书，查看古人留下的药方，先后整理了几百种中药。中药材大都取自自然，诸如这种树的皮、那种草的叶，这种晒干的果、那种动物的壳……它们谁能治好疟疾呢？答案只能在实验中寻找，一个一个研究！

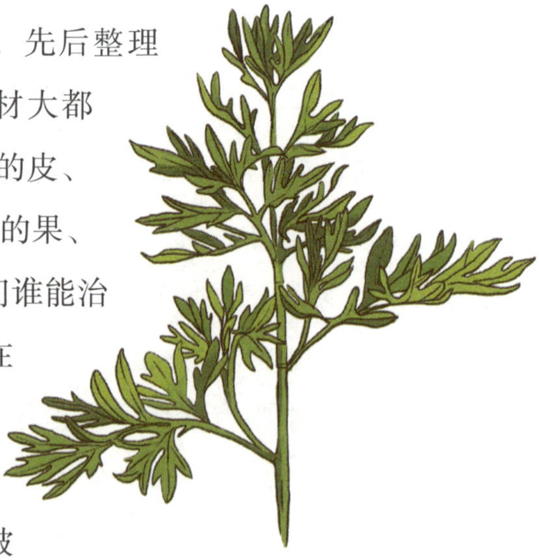

一种又一种药材被淘汰出局。在留下的"候

青蒿

选"药材里,有一种让研究人员又爱又恨的东西,叫青蒿。人们爱它,是因为它的确治好过疟疾;而恨它,是因为它的药力经常"不在线",有时有效,有时无效,用专业人士的话说——"疗效极不稳定",完全没有规律。

重大发现的机会往往时隐时现、难以捉摸,几乎从不轻易出现在人的面前,大大方方亮相。那到底能不能从"不靠谱"的青蒿中提取出抗疟新药呢?就在大家举棋不定的时候,古书里的一句话闪过屠呦呦的脑海。这句话源于东晋时期的道士葛洪编写的《肘后备急方》。在书中,他记载了一个治疗疟疾的药方:

青蒿一握,以水二升渍,绞取汁,尽服之。

把这句话翻译成现代文,意思就是:一把青蒿,把它泡到水里,然后把青蒿绞碎,让病患把青蒿汁喝下去。

咦?新鲜了!吃过中药的人都知道,大凡中草药,都不是从药房取来就可以直接吃的。最讲究的步骤叫水煎中药,就是把所有的药都泡在水里,然后放到火上煮,煮成一锅浓浓的药汤。煮好后,把药汤过滤出来给病人喝,剩下的药渣就扔掉了。这个过程叫作煎药。很多医院提供代煎服务,替病人把中药煎好。不管是自己回家煎,还是请医院代煎,煎药的过程是必不可少的。

偏偏在葛洪的药方里居然没有煎药这个步骤。换句话说,

葛大夫给病人喝的是"鲜榨青蒿汁"！这是为什么？煎药过程
的本质是在高温下，让藏在树皮、草叶、花朵等药材里的有效
成分充分溶解到水里，让药效得到最大程度的发挥。但并不是
所有有效成分都能在高温下尽情释放的，比如薄荷这味药，高
温就是它的"冤家对头"。如果你留意过药品的包装盒就会发现，

有的药会明确提示须在冰箱里保存。现在我们不妨假定：煎药的高温会破坏青蒿中的有效成分，那么不用高温水煮，改用其他方法，能不能提取青蒿中的有效成分呢？

沿着这个思路，屠呦呦提出：使用乙醚在低温下提取青蒿中的有效成分。乙醚是一种无色透明的液体，常被用作化学溶剂。这个想法很快就被付诸实施，青蒿的乙醚提取物不负众望，用它来治疗小白鼠的疟疾，有效率达到95%~100%。因为是从青蒿中提取出来的，所以这种神奇的物质被命名为青蒿素。

青蒿原本就是一味中药，它是一年生的菊科蒿属植物，生命周期仅一年，秋季开花后便会枯萎。青蒿的叶子细碎，乍看之下就像是路边毫不起眼的野草，却散发着一股独特的香气。许多医药典籍中都有关于青蒿的记载，它具有清热的功效。青蒿在我国大部分地区都能够生长，其中，重庆酉阳是世界上主要的青蒿产地之一，享有"世界青蒿之乡"的美誉，酉阳青蒿更是国家地理标志保护产品。

如果没有你们，更多人将死去

屠呦呦 1930 年出生于浙江宁波，是家里唯一的女孩。她的名字"呦呦"出自《诗经·小雅》中的"呦呦鹿鸣，食野之蒿"，意思是一群野鹿"呦呦"地叫着，呼唤同伴，在野外吃着蒿草。

真是巧了！她的事业还真就与蒿有着不解之缘。1951年，屠呦呦考入北京医学院（现在的北京大学医学部），在药学系学习。进入医学院的人并不都是为了当医生，也有人学药科，他们未来的职业是从事药物研究，给医生们提供"武器"。屠呦呦就是如此，毕业后她进入中医研究院中药研究所工作。

加入研制抗疟药物的项目后，屠呦呦和她的同事们通过研究古人留下的大量药方，筛选出数百种中药材，接着根据医书古籍上的提示，用现代科技手段成功提取出青蒿素，这是他们做的第191次实验。在证明青蒿素可以抑制小白鼠和猴子身上的疟疾后，接下来就要验证它是否能够安全地治疗人的疟疾，有没有不良反应。为了证明这个问题，42岁的屠呦呦带头吃下了青蒿素，以身试药。1977年，我国正式向世界公布青蒿素类药物的抗疟功效。20世纪70年代后期，我国在疟疾疫区推广青蒿素类药物，这种古老的传染病在中国几乎绝迹。

2001年，在非洲国家肯尼亚的首都内罗毕附近，一位母亲给她刚出生的宝宝取名为科泰新，"科泰新"是屠呦呦团队在青蒿素基础上研制出的抗疟药——双氢青蒿素的商品名。在非洲的疟疾患者中，妇女和儿童占很大比例。如果是孕妈妈患有疟疾，倘若不治而亡，就会一尸两命。这个叫科泰新的宝宝是个幸运儿，还在妈妈肚子里时，就和妈妈经历了一场与疟疾较量的生死考验。万幸的是，来自中国的"科泰新"保住了母子俩的性命。被青蒿素类药物拯救了的，远不止这

对母子。20 世纪 90 年代，"科泰新"传入肯尼亚等疟疾传播猖獗的非洲国家，很快就成为抗疟主力药，使疟疾的死亡率降低了 50%，挽救了数百万人的生命。世界卫生组织在一次防治疟疾的国际会议上，特意邀请了我国抗疟药物协作项目的几名成员出席，并向他们致意：如果没有你们，更多人将死去。

2006 年 11 月 4 日，中非合作论坛北京峰会在人民大会堂隆重开幕，时任国家主席的胡锦涛同志在会上发表重要讲话时承诺：今后 3 年内为非洲援助 30 所医院，并无偿援款 3 亿元人民币，用于提供青蒿素药品及设立 30 个抗疟中心，帮助非洲防治疟疾。

2011 年，屠呦呦因为发现青蒿素——一种用于治疗疟疾的药物，挽救了全球，特别是发展中国家数百万人的生命，而获得美国拉斯克奖，这个奖一直被业内人士视为"诺

星慧

它是几亿患者的首选药物，在国外医药学家眼中，它是"20世纪下半叶最伟大的医药创举"；在疫区患者心中，它是"来自中国的礼物"；在前往疫区国家的欧美游客看来，它是保平安的"中国神药"。希望你能了解：青蒿素类抗疟药是我国第一个被世界认可的原创新药。它源自一种广泛生长于中华大地的平凡小草，承载着中华传统医药的智慧，也是举国体制集中力量办大事的成果，更是集体协作的结晶。有人评价，它堪称医药界的"两弹一星"。

贝尔奖的风向标"。2015 年，瑞典斯德哥尔摩传来消息，将诺贝尔生理学或医学奖授予屠呦呦以及另外两位科学家，其中，屠呦呦因发现治疗疟疾的新疗法获得该奖次的一半奖金。85 岁的屠呦呦成为我国第一位获得诺贝尔奖的本土科学家。这距离 1972 年她首次用乙醚提取出青蒿素，已经过去了 43 年。

2015 年，国际编号为 31230 的小行星被正式命名为"屠呦呦星"。

2017 年，屠呦呦获得国家最高科学技术奖；2018 年，她被党中央、国务院授予"改革先锋"称号，颁授"改革先锋"奖章；2019 年，她被授予"共和国勋章"。

星 语

我喜欢宁静，蒿叶一样的宁静；

我追求淡泊，蒿花一样的淡泊；

我向往正直，青蒿一样的正直。

——屠呦呦

樊锦诗

　　一个长在上海的江南女子将一生献给了西北的茫茫大漠，人们称她为"敦煌的女儿"。

　　她说，自己这一辈子就干了一件事。

　　她是北京大学考古专业的高才生，为什么会到敦煌工作？还一待就是半个多世纪？

　　以她名字命名的小行星的编号，藏着她壮丽人生的一串"密码"，你知道是什么吗？

星光

名称：樊锦诗星
国际永久编号：381323
发现日期：2007 年 10 月 9 日
发现单位：中国科学院紫金山天文台
公转周期：5.66 年

茫茫大漠中的美术馆

你听说过敦煌吗？它只是甘肃省一个面积 2.67 万平方千米的县级市，却比省会兰州的名头还要响，只因这里有莫高窟！

莫高窟又叫千佛洞，位于敦煌市东南的鸣沙山。从 4 世纪到 14 世纪，一代代僧人和没有留下姓名的能工巧匠在崖壁上开凿洞窟、塑造佛像，筑成了绵延 1600 余米的石窟群。莫高窟现存 735 个洞窟、45000 多平方米壁画和 2400 余尊彩塑。莫高窟是世界上现存历史最悠久、规模最大、内容最丰富、保存最完整的佛教艺术宝库。

自从汉武帝派张骞出使西域，命霍去病击退匈奴后，经由河西走廊，一队队的商旅、使者渐渐打通了连接东西方的的交通道路，也就是现在人们所熟知的"丝绸之路"。敦煌，是汉代设置的"河西四郡"之一，曾经是丝绸之路上的交通枢纽，它向东可通往长安，向西可抵罗马，是东来西往的客商的必经之地。历史上的敦煌是妥妥的"国际商贸都市"。

据说，在前秦建元二年，即公元366年，一个叫乐僔的和尚向西云游途经敦煌，在夕阳之下，看见前方有千佛现身，发出万道金光。乐僔大受震撼，认为这是佛祖的召唤，决定不再前行，就在鸣沙山东面的崖壁上开凿洞窟，并在此修行。此时，中国正处在十六国时期，饱受战乱煎熬的人们向往和

敦煌莫高窟标志性建筑——九层楼

平安定的生活，佛教给了他们内心的慰藉。于是此后的千余年里，不断有僧侣和工匠陆续来到这里开凿洞窟，他们带来了中原地区的美术技法，也融合了西域各国的风物传说，乃至遥远西方的神话。因此，敦煌莫高窟不仅是一座举世闻名的艺术宝库，也见证了多元文化的交汇融合和东西方文明的交流互鉴。1987 年，敦煌莫高窟作为文化遗产，当之无愧地被列入《世界遗产名录》。

建于西魏时期的第 285 窟，其壁画内容充分体现了东西方文化的交汇融合。在洞窟内的壁画上，既有中国神话中的伏羲、女娲，也有希腊神话中的阿波罗和阿尔忒弥斯；既有印度佛教中的飞天形象，又有道家文化里的羽人形象，还有中西方不同风格的风神形象。正因如此，这个洞窟被人们戏称为"神界驻敦煌办事处"。

国家的需要就是个人的志愿

1963 年，风华正茂的北京大学历史系考古专业毕业生樊锦诗来到敦煌工作。

我们在电视里见过考古工作者工作的场景：考古遗址通常是规规整整的大坑，考古人员小心地从坑里把瓦罐、陶俑之类的文物挖出来。然而莫高窟的壁画都在墙上，不需要挖掘，好好地待在那里，学考古的人来干什么呢？

在回答这个问题之前，我们先讲一个令人心痛的故事：

由于战乱和开辟海上通道，繁盛一时的敦煌渐渐被遗忘在历史的深处。清朝末年，一个叫王圆箓的道士来到敦煌，这时莫高窟已经年久失修、破败不堪。王道士出资修了一座上下三层的香堂用来传道，香堂的底座刚好就是现在编号16的洞窟。1900年的一天，王道士偶然发现第16窟甬道北壁竟然是中空的！他好奇心骤起，找来一根木棍，朝着墙壁鼓起的地方猛敲，墙破了——居然有个洞！王道士找来蜡烛一看，天哪！洞里装满了用白布包裹的书卷，简直像阿里巴巴发现了藏满财宝的山洞，孙猴子发现了水帘洞啊！王道士误打误撞成就了"20世纪初中国考古的三大发现"之一——敦煌藏经洞。

藏经洞里有中古时期的各类文献5万余卷，以佛教典籍为主，还有世俗社会的各类文书，为研究古代历史、地理、宗教、经济、政治、语言等提供了极为珍贵的资料，比阿里巴巴的山洞还宝贝，比水帘洞还神奇！可要问现在这些文物在哪里？答案令人心碎：大部分已流失海外！英国人斯坦因连哄带骗地从王道士手里买走了一大批，后来法国人伯希和也低价忽悠走一些。王道士也曾几次把发现的文物上报给当地政府，奈何官员有眼不识金镶玉；王道士也没啥文化，不了解这些文物的价值，就稀里糊涂地卖掉了奇珍，实在是不堪回首，令人痛心！

什么人最懂文物的价值？是考古工作者，他们能从残垣断壁中追寻古代王朝的文治武功，在斑驳的字迹中还原历史事件的来龙去脉，他们能看到我们看不到的金戈铁马、风云

心痛！斯坦因连哄带骗地从王道士手里买走大量文物。

激荡，让沉默的文物讲出自己的故事。多如牛毛的敦煌文物
需要考古工作者，在毕业前一年，樊锦诗就来到敦煌实习，
后来因为生病不得不提前离开。第二年，敦煌研究院来到北
京大学考古专业，点名要前一年来实习的同学去敦煌工作。
樊锦诗的父亲知道女儿从小身体不好，给学校写了一封信，
希望不要让她去敦煌。樊锦诗踌躇再三，最终没有把信交上去。
多年后她回忆说："那时候我们接受的教育是国家的需要就
是个人的志愿。"她知道，敦煌需要考古工作者，但没想到，
自己这一去就待了一辈子。

舍半生，给大漠

樊锦诗初到敦煌看到的是"满目黄沙，寸草不生"，在繁华大上海潮润的空气中长大的女孩，第一眼看到荒凉的西北大漠是什么感受，我们很难想象。这里的生活条件也是我们难以想象的！饮用水是苦咸的，很多人喝了就拉肚子。伙食常年是"老三片"——土豆片、白菜片、萝卜片。过日子需要的大家伙、小物件，不是这个没有就是那样也缺，想买？只能去敦煌县城。没有交通工具，去一趟县城要走大半天，县城只有两家小店，很多东西有钱也买不到。夜里，老鼠在房梁上吱吱叫，一不留神会掉到人的被子上，文静的上海女孩只能壮起胆子赶走老鼠，掸掸被子上的土，继续睡。更熬人的是精神上的孤寂，敦煌研究院就他们四十几个人，远离家乡，远离城市，仿佛是被放逐一样，日复一日陪伴他们的只有呼啸的北风和荒凉的大漠。

1935年，留法画家常书鸿意外看到伯希和编纂的《敦煌石窟图录》，大为震撼。翌年，他放弃法国优越的生活，回到局势动荡的祖国，几经周折，于1943年来到敦煌。在极度艰苦的条件下筹备建立了敦煌艺术研究所，他组织修复壁画，搜集整理流散的文物，抢救性临摹壁画，被称为"敦煌守护神"。1950年，敦煌艺术研究所改组为敦煌文物研究所，1984年扩建为敦煌研究院。

　　谁不想生活在条件好的地方啊！樊锦诗很坦率，说自己年轻时好奇，想来敦煌看看，一看就很震撼。中途她也不是没想过离开，千里之外的武汉有她的爱人——她的大学同学彭金章。彭金章毕业后被分配到武汉大学，从事商周考古的教学工作，后来担任武汉大学考古系副主任，理所当然希望樊锦诗能来武汉，一家人团聚。然而为了各自的事业，他俩竟然分居两地长达19年！樊锦诗说："我慢慢觉得，我不能就这么走了，对于这个石窟，好像我还应该给它做点什么。"

　　做什么呢？首先是保护。莫高窟就像一个绝世美人，它已经1600多岁了，还能不能再存世1000年？答案是够呛！它每天都在衰退，早晚有一天会从这个世界消失，和人一样，不能永葆青春，不能长生不老。夺取敦煌莫高窟风华的有风沙的侵蚀、崖体的开裂，以及雨水和地下水的渗透，它们会无声无息地对壁画造成难以修复的伤害。敦煌研究院第二任院长段文杰先生在20世纪40年代临摹过第130窟甬道里的盛唐壁画《都督夫人礼佛图》，现在早已看不到了。这个衰退速度是不是相当惊人？

　　除了自然因素，还有人为因素。莫高窟大大小小的洞窟，有80%没有学校的教室大，有的只有几平方米，大概和一间普通的卧室差不多大小，如果一天之内拥进去8000人、10000人，那真就要了壁画的命！你也许会说："我们文明参观，不摸不碰，不写'到此一游'还不行吗？"很遗憾！就算每个游客只对着壁画由衷地赞叹一声："啊——好美啊！"

这对于壁画来说都是"致癌因素"。人呼出的二氧化碳、水蒸气，身体蒸发的汗水和使用的香水，都会引发壁画的病害，一种壁画患的"癌"。所谓世间好物不长久，至美的东西大都脆弱，敦煌的壁画也是如此。

看着敦煌莫高窟一天天衰退，樊锦诗急呀！她白天想，晚上也想，想怎么跟时间赛跑，留住这些宝贵又脆弱的艺术。把莫高窟关起来不让人看行不行？不行！敦煌的价值要宣传，敦煌的艺术要弘扬，关键是怎么能在保护和弘扬之间找到平衡。她绞尽脑汁地想怎么走这根钢丝，直到一次出差让她接触了计算机数字技术。

1998年，60岁的樊锦诗出任敦煌研究院第三任院长。2003年，她在全国政协十届一次会议上提出，利用数字技术记录保存敦煌艺术，把洞窟里的东西"搬到"洞窟外给游客看，既满足游客的参观需求，提升游览体验，又给"太奶奶"级的莫高窟"减负"。经过5年的探讨和技术准备，2008年底，史上规模最大、涉及面最广的莫高窟保护工程启动。工程包括崖体加固、风沙治理，以及149个一级洞窟的文物影像拍摄和数据库建设。2014年9月，在樊锦诗的推动下，包括游客接待大厅、数字影院、球幕影院等功能在内的莫高窟数字展示中心正式投入使用。从此，古老的莫高窟有了迎接五湖四海游客的全新接待方式：网上预约，总量控制，先看数字化展示，后实地参观洞窟。借助数字技术，一方面，游客能在较短的时间里欣赏绚丽的洞窟壁画，获得更多的文化信息；

另一方面，也缓解了游客过于集中给洞窟保护带来的巨大压力。联合国教科文组织对这种创新的参观模式给予极高赞誉，说这是国际上解决保护和利用之间矛盾的典范。2016年4月，"数字敦煌"正式上线，无论你身在何地，只需借助网络，轻点鼠标，就能尽情饱览30个精华洞窟、45000多平方米壁画。那种新奇美妙的体验，仿佛你自己就化身为飞天，在敦煌的艺术世界里尽情遨游。

利用数字技术准确全面地记录终将消失的敦煌艺术，实现永久保存、永续利用，樊锦诗主持推动的这项工作，被东方学名家季羡林先生称赞为"功德无量"！

60岁，对于多数人来说，是到了退休享清福的年龄。然而，60岁时，樊锦诗为了敦煌再次肩负重任；70岁时，她心心念念的敦煌保护工程终于启动了，这是一项规模极为浩大的工程，总投资高达2.6亿元。这位身材瘦小的奶奶，身上蕴含着巨大的能量。她还有许多这样奇妙的反差：她本是地道的江南女子，却毅然扎根西北大漠；她说话温和亲切，却透着一种不可动摇的坚定；她钟情于古代文物，同时也热情地拥抱现代技术。这些反差，让她的人生既丰富多彩又无比壮丽。

　　登录"数字敦煌"网站，不仅可以观赏经典洞窟和壁画，还可以沉浸式游览前文提到的第285窟。

人生密码 381323

从青春年华时的未名湖与莫高窟，到花甲之年成为敦煌研究院的掌舵人，再到古稀之年拉开敦煌保护工程的大幕，耄耋之年的樊锦诗又开启了"得奖专业户模式"。2018年，她被党中央、国务院授予"改革先锋"称号，颁授"改革先锋"奖章，并获评"文物有效保护的探索者"；2019年9月17日，国家主席习近平签署主席令，授予樊锦诗"文物保护杰出贡献者"国家荣誉称号；同时，她当选2019年度"感动中国"年度人物；2023年9月，联合国教科文组织为樊锦诗颁发了"杰出贡献奖"。对于这些荣誉，她平静地告诉记者，自己就是去把奖领回来，证书、奖杯统统交给敦煌研究院，并解释说"工作不是我一个人做的"。其中"吕志和奖－世界文明奖"正能量奖发给她2000万港币的奖金，她一分没留，一半捐给了母校北京大学，设立教育基金，因为她深知敦煌事业的延续和发展，急需培养大量专业人才；她将奖金的另一半捐给了中国敦煌石窟保护研究基金会。

2023年7月10日，"樊锦诗星"命名仪式在敦煌研究院举行，中国科学院紫金山天文台发现的国际编号为381323的小行星被命名为"樊锦诗星"。她的老同事，时任敦煌研究院院长的苏伯民从381323这串编号中解读出樊锦诗人生的"密码"：

1938 年出生的江南女子，**1** 辈子用心守护敦煌石窟，继常书鸿、段文杰之后担任敦煌研究院第 **3** 任院长，横跨自然与人文科学 **2** 大领域，在文化遗产保护、研究、弘扬 **3** 个方面作出了杰出贡献。

这个编号意外地浓缩了樊锦诗一生的偶然与必然、奉献与坚守、经历与功绩。

从此天空中有了一个"樊锦诗星"，把对文物的热爱书写到九天。巧了！在浩瀚星空中，恰好有一颗编号 4273 的小行星叫"敦煌星"，这下"樊锦诗星"不会寂寞了，它会永远守护"敦煌星"吧！

我白天想的是敦煌，晚上梦到的还是敦煌。能为敦煌做点事，我无怨无悔，为它奉献一生，是我作为一名文物工作者的历史使命和职业操守。

——樊锦诗

敦煌星
编号：4273

北京
大学星
编号：7072

欧阳自远

　　他是人们口中"改行"的地质学家，研究地质研究到月亮上了。

　　他带领团队仅凭区区 0.5 克月球岩石，就写出 14 篇学术论文。

　　他是探月工程的推动者，被誉为"嫦娥之父"。

　　他还是热心科普的院士，他常说："希望在孩子们身上。"

星光

名称：欧阳自远星
国际永久编号：8919
发现日期：1996 年 10 月 9 日
发现单位：中国科学院国家天文台
公转周期：4.24 年

中国月球探测工程
首任首席科学家、中国
科学院院士欧阳自远。

从地上的石头到天上的石头

没读这本书时，你就见过这个爷爷吧？你听过他的科普讲座吗？不管是天上的秘密，还是地上的宝藏，只要从他的嘴里讲出来，都慢条斯理、清清楚楚，让人觉得：咦？那些不得了的大科学家做的学问其实也不难呀，我也都懂了！

可能你已经知道，他是"嫦娥工程"的第一任首席科学家，讲起月亮来如数家珍，连月亮表面有多少个坑都知道得

一清二楚，他对月亮的了解比很多人对自己家乡的了解还多。但你知道吗？他学的其实是地质专业，惊不惊喜，意不意外？见过跨界的，没见过跨这么远的吧？

他是欧阳自远，是中国科学院地球化学研究所的一名研究员，毕业于北京地质学院，现在叫中国地质大学（北京）。他和本书后面介绍的张弥曼院士是校友，比她早一年入校。有意思的是，他们少时的志向都不是学地质，报考地质学院的原因却惊人地一致：听从祖国的召唤。少年张弥曼想当医生，而欧阳自远从小就对星空着迷。他考大学是在 1952 年，那时年轻的中国迫切需要发展工业，工业的原材料是什么——是矿产。炼钢要铁矿，电气化要铜矿，而石油更是"工业的血液"，当时我们国家这些都奇缺，需要大批专业人才找矿产、找石油。地质专业因此被视为"工业的尖兵"。尽管欧阳自远喜欢天文学，也对化学很感兴趣，但广播里的这句话打动了他：

年轻的学子们，你们要去唤醒沉睡的高山，让它们献出无尽的宝藏。

他毅然决定报考地质专业，立志为祖国找矿产、找石油，为国家建设添砖加瓦。多年后，在回顾自己填报高考志愿时，他说："国家的需要，就是我的选择！"

1956 年，欧阳自远大学毕业，进入中国科学院地质研究所矿床学专业学习。不出意外的话，他从这里毕业后，将成为一个专业"挖地球"的人。但第二年发生了一件轰动世界的大事：苏联发射了人类第一颗人造地球卫星，这给当时正在矿井的坑道里，每天忙着观察矿脉、采集样品的欧阳自远带来很大的震撼。他觉得，我们地质人为了找矿产，在地球上就像小蚂蚁一样挖来挖去，而卫星发到天上去，绕着地球转，要是用来找矿的话，肯定看得远，找得快，查得清！

　　苏联的第一颗人造地球卫星拉开了人类进入空间时代的序幕。随后美国和苏联这两个当时的超级大国展开了一场进军太空的竞争，争相把自己的航天器和宇航员送去太空，送上月球。这背后是两个大国以科技为核心的综合国力的比拼。那时候，我们国家的工业基础还比较薄弱，没有能力发射卫星。但欧阳自远坚信，有一天自己的祖国也会迈入空间时代。他开始研究美国、苏联探月计划的实施步骤，未雨绸缪地思考将来我国开展月球探测该怎么做。就这样，地质学家欧阳自远把目光投向了太空。

　　这就不得不感慨一下欧阳自远的名字了！"自远"二字是怎么来的呢——母亲生他时难产，生了一天一夜，还是医生用产钳把他"请"出来的。舅舅的见解别出心裁：这孩子生得这么困难，肯定是来自遥远的地方，《论语》里说"有朋自远方来"，就叫"自远"吧。还真让舅舅说着了！从小，他的兴趣就在遥远的星空，虽然后来他响应国家号召学了地质，可谁知兜兜转转，吸引他的东西还是来自遥远的宇宙。

　　自从有了为国家进军太空作准备的想法，欧阳自远想到，尽管我们目前上不了太空，但可以先研究从太空来的东西。有什么是从太空来的呢——陨石。太阳系中有很多彗星、小行星，它们中的一部分会在地球引力的作用下飞向地球，坠落到地球表面，这就是陨石。陨石通常可以分为石质陨石、铁质陨石和石铁混合陨石三类。

研究石头，地质学家在行啊！他们通过石头寻找矿藏，通过石头研究地质变迁，通过含有化石的石头研究古代生物和气候。陨石是天外来客，是到访地球的天上星，它们身上

星 闻

天上"哐哐"掉石头，这太吓人了！还好地球大气层扮演了"金钟罩"的角色。彗星、小行星飞向地球的速度极高，它们在进入地球大气层后，会与大气剧烈摩擦，产生大量的热，进而燃烧甚至爆炸。因此，大部分"冒失的访客"都未能砸到地面，我们也得以平安地生活。也有一些在坠落的过程中没有燃烧完全，落在了地面上，这些就是陨石。

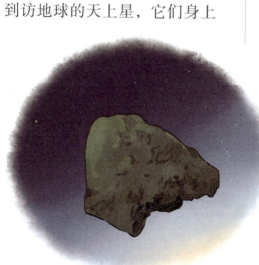

吉林一号陨石重达1770千克，是世界上最大的单体石质陨石。欧阳自远就曾带队实地考察过落在吉林的陨石。经过一番深耕，也逐渐开辟出新的学科——天体化学。

藏着浩瀚星空的信息，研究陨石能帮助我们了解太阳系的起源和早期演化历史，进而推测行星在这一阶段的演变进程和内部状况，有的陨石还会透露有关地外生命的信息。

向太阳系的星辰大海挺进

1978 年，美国国家安全事务顾问访华，送给我国 1 克月球岩石样品，这是从月球带回来的。

这 1 克石头可是宝贝啊！它被送来的时候装在有机玻璃里，美国人还在玻璃上面安了一个放大镜。从放大镜里看，月岩有拇指大小，但实际上就一粒黄豆那么大。即使就这么一点大，那也有很多人想得到它呀。因为对太空来的石头早有研究，欧阳自远负责组织全国的科学家合力研究这枚小石头。他把这

玄武岩是一种火山岩，在地球上广泛分布；
月球玄武岩是构成月球的主要岩石之一。

1 克石头平均分成两份，一份放在北京天文馆对公众展出，剩下的一份用于研究。

时间来到 20 世纪 90 年代，经过十几年的改革开放，我国积累了一定的科技和经济实力。1993 年，欧阳自远向国家有关部门提出了启动探月工程的建议。从 1994 年开始，以欧阳自远为首的一批科学家开始对我国月球探测的各方面问题进行详细的研究和论证，并提出一系列研究报告。2000 年，欧阳自远找到了时任国家航天局局长的栾恩杰，向他详细汇报了中国探月计划的必要性、可行性，规划和设想。栾恩杰非常赞同，还提出要请孙家栋出山。

2004 年，中国正式开展月球探测，名为"嫦娥工程"。栾恩杰是工程总指挥，孙家栋出任总设计师，欧阳自远担任月球科学应用首席科学家。嫦娥工程有重要的两件大事，一

星慧

德国哲学家黑格尔说："一个民族有一群仰望星空的人，才有希望"。从 1958 年到 1993 年，欧阳院士潜心研究 35 年；从 1993 年到 2004 年，他又进行了 10 年论证。有人反对搞探月，他不急、不怨、不怼，以专业的姿态、平和的心态，不慌不忙且又不遗余力地开启了科普"副业"。他自己写讲稿，说月亮、讲探月，摆数据、讲道理。面对不同的听众，他写了 20 多个版本的讲稿，目标只有一个："从官员、院士、大学生到中学生、小学生，都必须让他们听得明明白白。"这就是既仰望星空又脚踏实地的人吧。

是怎么去月亮，二是到了月亮上要做什么。有造过9年导弹、发射过40多颗卫星的孙家栋，"去月亮"这件事拜托他就好了。到了月亮干什么，归欧阳自远负责。要观察什么，测量什么，采集什么，欧阳自远对此踌躇满志。栾局长负责掌控全局，这个庞大工程的调兵遣将工作都由他坐镇指挥。他们三位并肩携手、默契配合，组成了嫦娥工程的"铁三角"。

2007年，嫦娥一号探测器发射升空并成功进入月球轨道，成为我国第一个实现绕月飞行的探测器。

2010年，嫦娥二号探测器拍摄了分辨率为7米的全月图，这是人类第一幅分辨率优于10米的全月图，要是1∶1地打印出来，有足球场那么大，就算一辆卡车掉到月球上，在这张图上都能找到。

2013年，嫦娥三号携玉兔号月球车登陆月球，五星红旗第一次在月球亮相。

2019年，嫦娥四号携玉兔二号月球车在月球背面着陆，这是人类首次实现在月球背面软着陆。

2020年，嫦娥五号顺利完成了月球着陆、采样并返回地球的壮举，欧阳自远一直期盼的事实现了：中国科学家可以研究自己采集的月壤了。这一次，嫦娥五号带回了1731克月球岩石样品，这些样品的用处可多了！更多月球不为人知的秘密，将由科学家通过它们揭开。

了解一下国际上的月球探测方式，你就会知道我们的嫦娥工程是怎样的"学霸体质"了。飞到月球上很难，要好好地落在月球上更难！有的国家的探测器根本不能落在月球上，只能做到从月球旁边飞过去，尽可能挨近一点，趁着"擦肩而过"的工夫竭尽所能观测月球。有的探测器倒是落在月球上了，但是是硬着陆，硬着陆是好听的说法，不好听地说，就是一头撞在月球上。那不会撞坏吗？会撞坏，但没办法，只能趁着坠毁前的短暂时间抓紧观测，能传回多少数据是多少。

是不是觉得这两种探测方式有点不靠谱？第二种更像是"自毁式"降落。别笑！第三种就靠谱多了：探测器接近月球后，能改变飞行轨道进行绕

星闻

你知道吗？在地球上，我们永远看不到月亮的"后脑勺"。由于受到地球引力的影响，月亮在绕地球转动的过程中，朝向地球的始终是同一面。所以，地球人只能看到它的"正脸"，却看不到它的"后脑勺"。在嫦娥四号发射之前，人类总共向月球发射了100多个探测器。借助这些探测器，月球的一部分情况已被研究清楚，然而，月球最古老的秘密藏在月球的背面。

月飞行，在绕月过程中对月球进行探测，并传回数据。这种听起来相当理想，但难度极大！历史上出过不少事故，苏联和美国的探测器就有没控制住，化身"恐怖分子"撞上了月球；还有没能进入绕月轨道，飞跑了，成了"流浪机器"的。

嫦娥一号成功挑战难度系数更高的绕月飞行。嫦娥三号实现在月球软着陆；嫦娥四号再次加大难度，实现了在月球

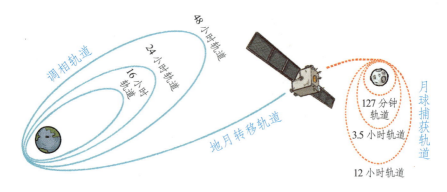

嫦娥一号不是直飞月球的，是像扔铁饼一样先转几圈，待其速度越来越快再甩出去，以此获得最大的速度。

背面软着陆，完成了其他国家的"超纲题"；嫦娥五号完成着陆、采样并返回地球，完美收官！

这样我们就能理解，在 2007 年 11 月 5 日，北京航天飞行控制中心内，当确认经过将近 12 天的飞行，嫦娥一号被月球的引力捕获，成功"刹车"，进入绕月轨道时，所有人为什么激动成那样了。人们欢呼雀跃，欧阳自远和孙家栋，这两位古稀老人拥抱在一起，热泪直流。欧阳自远嘴里重复着："绕起来了！绕起来了！"要是从 1957 年算起的话，这一天，他等了 50 年。

希望在你们身上

故事讲到这里，我们或许要"尴尬而不失礼貌"地问一个问题：欧阳自远本来不是心心念念找矿吗？他最初听闻苏

联放卫星,想的是利用卫星找矿,怎么找到月球上去了?当然,探月也是为国家作贡献,但他这算不算"改行"呢?

回答这个问题,我们先要了解月球,干吗费好大劲,花好多钱到月球上去?

月球上的一天相当于地球上的一个月,月球上一个白天的时间相当于地球上的半个月。由于没有大气层,月球被太阳照射的那一面,温度高达120摄氏度,一照就是半个月。因此,月球上的太阳能极其丰富,相当于地球上各种能源总和的25000倍!只要我们能弄来万分之一,地球上的煤矿、石油、天然气开采等就都可以"躺平"了。从月壤中提取的核聚变材料,如果用来提供能源,够人类用10000年。月球的好处还远不止这些,原来月球是真的"家里有矿"!那么你说,欧阳自远是改行了,还是没改行呢?

尽管早已不再担任嫦娥工程的首席科学家,可欧阳自远走到哪里都要讲一讲探月、讲一讲嫦娥工程。除了科研工作,他最愿意做的就是给青少年作科普讲座。他说:"青少年是很重要的一个时期,培养他们对科学的兴趣就是在这个时候,我很希望能成为他们的领路人。"根据他自己的统计,在2008年至2018年的11年中,他一共作过617场科普报告,现场和网络听众达35万余人,他还主编或撰写过科普图书12部,发表科普文章百余篇。

很多人,特别是小朋友因为听了欧阳自远的科普讲座而爱上科学,有的孩子给他写信:"爷爷,将来我也要当科学家!"

他被评为"最受媒体欢迎的科学家",还以个人身份开通短视频账号,用大众喜欢的方式继续讲着探月,讲着深空探测。他常说:"希望在孩子们身上。"

2014年11月,国际编号为8919的小行星被正式命名为"欧阳自远星"。了解他的人都会替他高兴吧!这个从小喜欢星空的人,有了一颗冠以自己名字的星。从为国寻矿到嫦娥工程,从地上的石头到天上的石头,不知道如果有机会的话,欧阳自远想不想研究一下这颗小行星上的石头呢?

星 语

21世纪是人类征服太阳系为地球的可持续发展服务的新时代。跳出地球看地球,比较地球与太阳系各类天体的共性与特性,在更大的时空尺度里认识地球,将会更深刻地揭示地球的形成与演化规律。

——欧阳自远

星 友

中国科学院星
编号:7800

孙家栋星
编号:148081

孙家栋

　　他是"两弹一星"元勋、国家最高科学技术奖获得者、"共和国勋章"获得者。

　　他是"东方红一号"的总设计师，也曾担任北斗卫星导航系统的总设计师。

　　他还是我国月球探测工程的主要倡导者之一，是月球探测一期工程的总设计师。

　　7年学飞机、9年造导弹、50多年放卫星，他是中国航天事业的见证人。可你知道吗？他与航天事业结缘竟是因为一碗红烧肉。

名称：孙家栋星

国际永久编号：148081

发现日期：1999 年 1 月 11 日

发现单位：中国科学院国家天文台

公转周期：3.92 年

星光

从造导弹到放卫星

1958 年，成立刚满一年的国防部第五研究院第一分院，也就是如今中国运载火箭技术研究院的前身，迎来了一位从苏联学成归国的青年。他身材魁梧，精力充沛，笑起来格外有感染力。在苏联毕业时，因为成绩格外优异，他被奖励了一枚有斯大林头像的纯金奖章，获此殊荣者，在当时的中国留学生里堪称凤毛麟角。他叫孙家栋，回国后被分配到导弹总体设计部。正是在这里，他开启了自己的"导弹生涯"。

什么是导弹？导弹是一种发射后可以自行飞行并通过定位系统精确瞄准、打击目标的炸弹。现在，"东风快递"的名头响彻全国，一提"东风"大家都知道，这是我国"东风"系列导弹的名字，是响当当的国之重器。可在 20 世纪 50 年代，

人们对导弹还很陌生，甚至都不知道该怎么称呼它。有人叫它"飞弹"，也有人叫它"可控制的弹"……这些叫法要么不够精准，要么太过啰唆。最终，还是钱学森一锤定音——"导弹"成了它的大名。

我国的导弹研究是从两枚P-2近程导弹起步的。这两枚导弹是苏联赠送给新中国的。孙家栋回国后的第一项工作就是参与P-2导弹的仿制和改进设计工作。1960年，我国的仿制型P-2导弹成功发射上天，并且拥有了一个中国名字——东风-1。尽管这款导弹并没有进行过实战部署，但仍具有重要意义，它填补了我国高精尖武器的空白。

东风-1的成功，远不是任务的结束，而是宏大工程的开端。随后，研制中国自己的中程导弹，并且要能装载我国自

导弹通常由弹头（又叫战斗部）和运载火箭两部分组成。一般来说，导弹可分为弹道导弹和巡航导弹这两种类型。我国的"东风"系列导弹就属于前者。

在发射过程中，运载火箭会搭载着弹头一同升空。当飞出大气层后，运载火箭会自动脱落并陨毁，而弹头则会在惯性和地球引力的共同作用下继续运动。当弹头到达目标上空时，会在自身动力的推动下再次进入大气层，随后在地球引力的影响下加速冲向目标。

倘若弹头不是常规炸弹，而是换成了原子弹或者氢弹，那么这枚导弹就属于核导弹了。

行研制的原子弹，这项艰巨的任务落到了年轻的孙家栋肩上。这款导弹就是东风 -2，射程 1300 千米。

1964 年，东风 -2 试飞成功，随后，连续多次发射试验都取得成功。

1965 年，东风 -2 的改进型——射程为 1500 千米的东风 -2A 首次试飞成功。

1966 年，携带原子弹弹头的东风 -2A 发射，并成功对靶标进行核打击。这是世界上第一次，也是迄今为止

一般来说，从陆地进行发射，以打击敌方陆地目标为目的的导弹，被称作地对地导弹，简称地地导弹。按照导弹的射程来划分，地对地导弹可分为短程导弹（射程 1000 千米以下）、中程导弹（射程 1000~3000 千米）、远程导弹（射程 3000~8000 千米）和洲际导弹（射程 8000 千米以上）等几种类型。

唯一一次在本国领土上进行的核导弹试验！至此，我国拥有了真正的核威慑和核打击力量，成为令全世界不敢小觑的核大国。顺便说一句，联合国安理会五大常任理事国都是拥核国家。

1966 年，中国人民解放军正式装备东风 -2 导弹。

就在孙家栋以为会一辈子和导弹打交道的时候，中央却给他安排了一项更加重要的任务——放卫星。

"东方红一号"卫星

"东方红一号"

  1967 年一个炎热的夏日午后，孙家栋正在办公室里工作，突然，一个人推开了办公室的门，向他传达了一项新的任务——研制人造地球卫星。当天下午，孙家栋就被接到了空间技术研究院的临时办公地，接受任务。

  人造地球卫星是指在地球上空，至少能环绕地球飞行一圈的无人航天器。1957 年，苏联成功发射了世界上第一颗人造地球卫星。不久之后，我国也开展了人造地球卫星的研究，但由于当时技术条件有限，这项工作被搁置下来。

  1965 年，中央决定重启人造地球卫星的研制。次年，成立以赵九章为院长的中国科学院卫星设计院。人造地球卫星的研制是一个系统工程，不是仅仅研制出一颗卫星就大功告成了，还需要研制相应的运载火箭，构建地面观测和指挥系统，以及研制卫星发射出去后，用于跟踪观测它的远洋观测船只。这些工作环环相扣，缺一不可。

赵九章

在这众多工作中，如何克服地球引力、把卫星发射到预定的轨道是最大的难题。而弹道导弹中的火箭在进行适当改造后，恰好能解决这个难题。1964 年，东风 -2 的成功试射，让重新发展人造地球卫星成为可能。科研人员以当时正在研制的导弹的两级火箭为基础，增加了第三级固体火箭，成功研制出长征一号运载火箭，这是我国"长征"系列运载火箭的开端。

孙家栋被任命为卫星技术的总负责人。作为导弹专家，为什么孙家栋会被调去搞卫星呢？因为这二者之间有异曲同工之处——卫星就相当于导弹中的弹头，它被装进运载火箭，发射到高空，与运载火箭脱离后，在太空中独立运行，完成预定任务。

接受任务后，孙家栋根据需要，挑选了十八位同事加入卫星研制工作，这十八人后来被人们称为"航天卫星十八勇士"。孙家栋带领着"十八勇士"开始了卫星的研制，由于

专业对口、基本素质高，这十八人的加入大大加快了我国人造地球卫星的研制速度。

作为我国第一颗卫星，它侧重于"投石问路"的试验性质，不必承担具体任务。同时，中央要求我国卫星的技术水平要超过苏联的第一颗卫星，要能发射连续的信号。考虑到这个信号要有中国特色，能够得到全球公认，科研人员提出了用卫星播放《东方红》乐曲，并将卫星命名为"东方红一号"的建议。随后，中央批准了这一建议。

1970年4月24日，"东方红一号"搭乘长征一号运载火箭成功发射，并顺利进入预定轨道。我国由此成为继苏联、

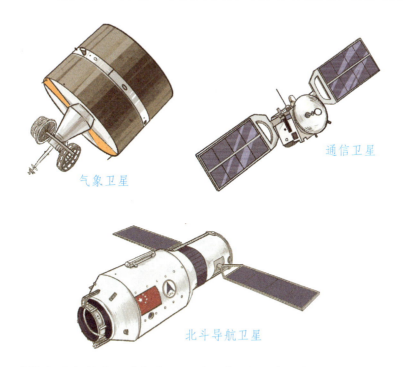

气象卫星

通信卫星

北斗导航卫星

后续我国发射的卫星各有不同的任务，大致有气象卫星（例如"风云"系列卫星）、通信卫星和导航卫星（例如北斗卫星导航系统）等类型。

美国、法国、日本之后，第五个能够独立研制并发射人造地球卫星的国家。

"东方红一号"重173千克，发射成功后，在围绕地球的椭圆轨道上运转，并利用无线电波向全世界播放《东方红》乐曲。尽管这颗卫星在运行28天后，由于电池中的电被耗尽，不再播放乐曲，但它至今仍然在轨道上运转。

"让中国航天也成为'巨人'！"这是孙家栋质朴的铮铮誓言。在"东方红一号"之后，第一颗科学实验卫星、第一颗返回式遥感卫星、北斗卫星导航系统、嫦娥工程……在我国发射的前100颗人造地球卫星中，由孙家栋担任技术负责人、总设计师或工程总师的有34颗。

学俄语，学汽车，学飞机，造导弹，放卫星，探测月球，布阵北斗卫星……这人可真是太厉害了！无论做什么都得心应手。然而，这一连串的人生轨迹，又何尝不像是导弹划过的轨迹呢？动力源自他超乎常人的聪慧与勤奋，而为他的人生"精确制导"的，正是祖国的需要！

孙老爱笑，笑起来格外爽朗，只要看到他笑，你也会不自觉地想跟着笑。2007年11月5日，当得知嫦娥一号平稳地进入了月球轨道，在欢庆的人群当中，白发苍苍的孙老默默地转过身去擦拭眼泪。看到这一幕时，我们的心中也涌起一阵酸涩，眼眶不禁湿润了……

一碗红烧肉

"搞了一辈子航天，航天已经像我的'爱好'一样，这辈子都不会离开了。"孙家栋这样说。

然而，你知道吗？这样一位航天大师，和航天结缘的契机竟然是一碗红烧肉。

1929 年，孙家栋出生于辽宁省。小时候的他梦想建造大桥，立志成为一名土木建筑师，还曾经考上了哈尔滨第一高等学校的土木系。不过由于战争，他未能就读。1948 年，哈尔滨已经解放，19 岁的孙家栋考上了哈尔滨工业大学的预科班，学习俄语，随后又转入了汽车系。

1950 年的农历正月十五，孙家栋本来计划午饭后去姐姐家过元宵节。然而一个不胫而走的好消息传到了他的耳朵里：学校食堂晚饭有红烧肉。要知道，那时中国刚成立不久，上至国家，下至普通百姓都不富裕，红烧肉是难得一见的珍馐美味。偏偏孙家栋就特别爱吃红烧肉，于是他改变了主意，打算吃完晚饭再去姐姐家。

谁知就在吃晚饭时，学校宣布，新成立的中国人民解放军空军来学校招人，想参军的同学可以报名。孙家栋得到消息后，毫不犹豫当场报名。品学兼优的他很快被批准入伍，前往位于沈阳的中国人民解放军空军第四航空学校报到。

1951 年，孙家栋和 20 多名军人一起，被派往苏联茹科夫斯基空军工程学院学习飞机设计。在苏联约 7 年的学习生涯，

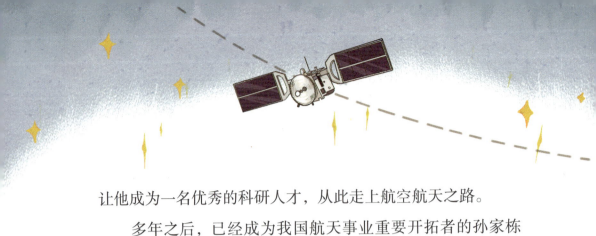

让他成为一名优秀的科研人才，从此走上航空航天之路。

多年之后，已经成为我国航天事业重要开拓者的孙家栋仍乐呵呵地回忆起这碗红烧肉。可以说，它改变了孙家栋的一生，让他与航天事业结下了不解之缘。

您是在中国航天事业发展历程中成长起来的优秀科学家，也是中国航天事业的见证人。自第一颗人造地球卫星首战告捷起，到绕月探测工程的圆满成功，您几十年来为中国航天的发展作出了突出贡献，共和国不会忘记，人民不会忘记。我为您取得的成就感到骄傲。

这是钱学森对孙家栋的高度评价。

1999 年，孙家栋被授予"两弹一星功勋奖章"。

2010 年，他获得国家最高科学技术奖和"全国优秀共产党员"称号。

2018 年 12 月 18 日，党中央、国务院授予孙家栋"改革先锋"称号，并为其颁授"改革先锋"奖章，同时，孙家栋还获评"航天科技事业创新发展的重要推动者"。

2019 年 9 月 17 日，国家主席习近平签署主席令，授予孙家栋"共和国勋章"。

2012 年，国际编号 148081 的小行星被正式命名为"孙家栋星"。这下天上要开一场特殊的欢迎会吧？你想啊，孙家栋一辈子设计研制的那么多卫

如果你不热爱，就谈不上奋斗、奉献、严谨、协作、负责、创新。
——孙家栋
科研要急国家之所急，还要先走一步，为国家长远需要早作准备。
——赵九章

星都在天上飞，忽然迎来了自己的"总设计师"，这些卫星会不会立刻觉得自己有"组织"了。你说，它们会不会在天上建个群呀？

赵九章星

编号：7811

钟南山

　　他是中国呼吸系统疾病防治的领军人物，广东省医学界第一位中国工程院院士。

　　抗击疫情让他家喻户晓，他是"定海神针"，是所有人心中的"大医生"。

　　《人民日报》对他的评价恰如其分："有院士的专业，有战士的勇猛，更有国士的担当！"

　　你知道吗？他在田径赛场破过纪录，人生的另一个"副本"是"亚洲飞人"。

名称：钟南山星

国际永久编号：325136

发现日期：2008 年 3 月 2 日

发现单位：中国科学院紫金山天文台

公转周期：4.05 年

呼吸科钟医生

他是家喻户晓的人物，陪伴我们度过了特殊的"口罩时期"。人们谈及疫情时，总会提到他。

"——钟南山说，存在人传人现象，让大家没事别去武汉。"

"——钟南山说，4 月底可以基本控制疫情。"

......

他的每一次出现，都准确地传递着信息，鼓舞着民众的士气。我们都记得他说："有全国的支持，武汉一定能过关！武汉本身就是一座英雄的城市。"

除了在疫情期间为政府决策提供专业建议，频繁出镜接受采访，他最质朴的身份其实是一名医生。你知道作为医生的他擅长看什么病吗？又是什么非凡的成就让他成为"院士

医生"呢？

钟南山是一名呼吸科医生，肺炎、肺结核、哮喘、长期咳嗽……患这些病症的人都需要到呼吸科就诊。而钟南山长期致力攻克的，是一种我们不太熟悉的疾病——慢性阻塞性肺病（简称慢阻肺）。你或许难以相信，这种病在中国有将近1亿患者，平均每4位老年人中就有1位患有慢阻肺。要问中国哪种病致死率较高——排在第一位的是心脑血管病，第二是癌症，第三就是慢阻肺。想想多可怕！平时大家谈癌色变，可各种癌竟要"组团"才能排在慢阻肺前面。慢阻肺究竟是怎样一种病呢？

肺是人体呼吸系统的核心，是进行气体交换的关键器官。如果这里发生阻塞，后果不堪设想！慢阻肺患者会感到胸闷、气短，稍微做些剧烈运动就会喘得厉害，到了后期甚至连床都下不了。

病人感到绝望，医生也深感无奈。任何疾病都有一个发展过程，人在刚患上慢阻肺的一段时间里，可能没有明显的异常感觉。等到出现咳嗽、胸闷时，还以为是着凉了、累着了，休息一下再找点药吃，但病情总不见好，有些人实在拖不下去了才去医院。但这时往往为时已晚，病魔已经在体内肆虐，医生也无能为力。由于看到的大多是难以治愈的病例，医生也觉得回天乏术，全世界关于慢阻肺的研究都进展缓慢。

然而，聪明的将军不会等敌人破城后才拿起武器，他们会趁敌人立足未稳就发起攻击。钟南山想，能不能在慢阻肺

还未发展到严重阶段就进行治疗呢？为了弄清楚这个问题，他进行了长达约 10 年的观察，发现如果在病人还没有症状或者症状轻微时就进行治疗，就可以很好地控制病情发展，达到事半功倍的效果。

可新的问题出现了：没有症状，如何知道谁是病人呢？我们不妨参考现成的例子：早期高血压和糖尿病同样难以察觉，是血压计和血糖仪吹响了警哨。那么对于早期慢阻肺患者，有没有这样的筛查方法呢？

钟医生有办法。摘掉听诊器，走进实验室的他也是一把

好手，这大概得益于他从小就跟着医学家父亲饲养小白鼠、做实验，培养出了很强的实践精神和动手能力。20世纪80年代，他花费几个月时间，将一种价值几千美元的昂贵仪器改造成只需一两百人民币就能买到的小型实用仪器，用于测试人的肺功能。这就如同通过量血压判断人是否患有高血压一样。

他和团队不仅摸索出一套慢阻肺的治疗方法，还用大量事实和数据向国内外同行证明了慢阻肺是可防可治的，引起了医学界对慢阻肺早期干预的重视。世界卫生组织发布的《新版慢阻肺全球防治指南》就参考了钟南山团队提出的慢阻肺防治方案。众多慢阻肺病人，因为他提出的治疗方案，生活质量得到了显著提高。

钟南山还通过实验提示了肺源性心脏病（简称肺心病）的发病机制，他的团队因此掌握了领先的肺心病治疗技术；在国际上他最早提出了无症状哮喘的概念，打破了医学界一直以来认定的"哮喘病人一定

如果吸入的空气中含有过量的二氧化硫、灰尘等有毒有害颗粒，呼吸器官的黏膜就会发炎，慢慢增厚。若这种情况得不到遏制，时间长了会出现气道阻塞，进而发展成慢阻肺。预防慢阻肺，首先，要对吸烟说"不"，不仅自己不吸，还要尽量远离"二手烟"；其次，在雾霾天要做好防护措施；再者，要避免吸入烧柴、烧秸秆产生的烟雾；另外，还要做好居室通风工作。我们要时刻关注呼吸健康。

会有症状"这一观点。这些成绩奠定了他在国内外呼吸病防治学术领域的地位。1996 年，他高票当选中国工程院院士，是广东省医学界第一位工程院院士。

我坚持了自己的观点

2002 年 12 月的一个早上，钟南山接到同事报告，11 床的病人生命垂危。

这位病人是从广东河源转院到钟南山所在的广州呼吸疾病研究所的。钟南山闻讯马上前去查看，从 X 光片上看，病人的肺已经"白"了；在抢救中，还发现病人的肺"硬"了。正常的肺像气球一样富有弹性，有气进来它就鼓起来，气出去了就缩瘪。患者呼吸困难，医生通过插管给他人工通气，可肺硬邦邦的，要是往肺里输气，很可能导致肺破裂。几天来给病人用了各种抗生素都不见效。钟南山意识到，这不是

认识我们肺里的"小葡萄"

健康的肺泡　　失去弹性的肺泡

肺泡失去弹性回缩力，气体排不出去也吸不进来，从而引发呼吸困难

对比正常的肺和失去弹性的肺里到底发生了什么

一般的肺炎！紧接着，惊人的消息传来：在河源给这个人治病以及送他转院的医护人员都得了和他一样的病。

这种病具有传染性，而且传染性很强。钟南山立刻上报广东省卫生厅。广东省和香港特别行政区陆续出现类似病例。和普通肺炎不同，即便是有着三十多年呼吸疾病防治经验的钟南山也发觉，这次遇到了"狠角色"：一是来势汹汹，病情发展非常快；二是"刀枪不入"，可以"暴打"普通肺炎的抗生素在它面前"武力值"统统归零。随后它被命名为"传染性非典型肺炎（严重急性呼吸综合征）"，简称"非典"。钟南山接诊的是广东省第二例"非典"病例。

既然是传染病，那么一方面要治疗现有患者，另一方面要尽快阻断其传播，关键是要找到致病"凶手"。当时北京的专家组认为，引起"非典"的是衣原体。

衣原体是一种能让人生病的"小坏蛋"，既不属于细菌军团，也和病毒不在一个阵营，它比细菌小，比病毒大。我们熟悉的沙眼就是它们捣的鬼，同样，衣原体也可在肺部"作妖"。如果这次的罪魁祸首真是衣原体，钟南山他们就不会感到这么棘手了。对付衣原体感染，经验丰富的医生早都驾轻就熟，经过防治，病人会好得很快，传染速度也没那么快。

对于专家组的判断，钟南山有不同意见。多年临床经验告诉他，传染速度这么快，治疗这么困难，重症率这么高，这些都不是衣原体"作案"的风格，更像是病毒在兴风作浪。

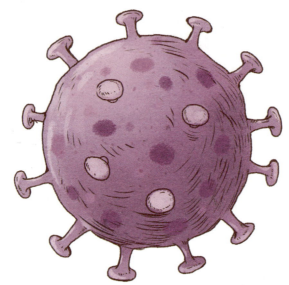

冠状病毒像不像一个插满图钉的弹力球？

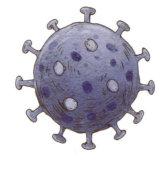

★ **星** **闻** ★

1937 年，科学家最先从鸡身上分离出冠状病毒。冠状病毒在自然界广泛分布，会感染脊椎动物，人、猪、猫、狗、鼠、鸟等都会成为"此君"的作案对象。1965 年，科学家们首次在人身上发现了致病性冠状病毒。到目前为止，已经发现了 7 种感染人的冠状病毒。引起感冒的病原体之一就是冠状病毒。

"我们坚持自己的观点，挽救了很多人的生命，获得了成功。"钟南山这样说。病人的验血结果证实了钟南山的观点：这不是衣原体感染。不久后，香港大学的研究人员分离出"非典"病毒，这是一种冠状病毒。

把最危重的病人转到我这来

2003 年 3 月中旬，广州的确诊病例增长很快，市内六家收治"非典"病人的医院都有医护人员感染。病毒来势汹汹，白衣战士一个个倒下，抗疫一线人手紧缺！措手不及之下，大家对这种传染病充满恐惧。在这危急关头，钟南山主动向广东省卫生厅领导请缨："把最危重的病人转到我这来！"

俗话说"艺高人胆大"，钟南山之所以如此坚定，自有他的理由。首先，他的专长就是呼吸系统疾病，通过前期与病魔的"短兵相接"，对治疗已有一定把握，其实在"非典"暴发以前，他和同事就探讨过，假如发生大规模传染性呼吸疾病该怎么应对；另外，这种病传染性很强，有的医院在应对传染病方面的确能力有限，把病人集中起来可以减少医护人员感染，让已经不堪重负的几家医院得以喘口气。

然而这就意味着，他的团队要承受病毒军团的饱和攻击了。那一年钟南山 67 岁，在经历近 40 个小时不眠不休的奋战后，他也倒下了，还好不是"中招"，只是太累病倒了。他怕动摇军心，隐瞒了病情，悄悄在家输液，身体刚恢复就去上班，别人还以为他这段时间出差了。为研究"非典"的发病规律，他冒着被感染的风险，亲自检查每一位"非典"病人的口腔和咽部。在他的带领下，尽管有医护被感染，但整个研究所无一人后退，都尽可能用自己的专长摸情况、找对策，认识"非典"、制服"非典"。钟南山和他的研究所在这场战"疫"中站到了火力最前线。

此时，医院里的病人需要治疗，医院外的普通人需要内心安抚。作为院士，他告诉民众："非典"可防可治，相比"非典"本身，恐慌的心理才更可怕。作为国内呼吸疾病防治的领军人物，他的团队总结出"三早三合理"的治疗方案，即早发现、早隔离、早治疗；合理使用皮质激素，合理使用呼吸机，合理治疗并发症。这个方案被全国许多医院采纳，也为日后几次抗击禽流感和中东呼吸综合征等提供了宝贵经验。

2003年3月初，"非典"在北京冒头并迅速蔓延，一场新的抗疫战斗打响了。钟南山根据广东的抗疫经验向领导提议，把病人集中治疗。小汤山医院就此诞生，成为北京"非典"阻击战的转折点。

4月23日，小汤山医院动工，七天七夜后，一座临时的

"谢谢钟医生！""多亏钟医生救了我的孩子！"……钟南山是听着这样的话长大的。他的父亲是著名儿科专家，母亲是华南肿瘤医院的创办人之一，什么是救死扶伤，什么是"健康所系，生命相托"，对此他早已耳濡目染，深入骨髓。他对记者说的话令人动容："这是一场没有硝烟的战争，这一次是非典型肺炎，说不定下一次是传染性心肌炎。我相信，搞心脏的那帮人，会和我们一样站到最前线，不会因为怕传染就不来了、不干了。"

国内最大的传染病专科医院拔地而起；

5月1日，小汤山医院正式收治"非典"病人，51天时间里共收治680人，治愈672人，治愈率接近99%。同时，1383名医护人员无一人感染，创造了"小汤山奇迹"。

6月20日，最后18名患者康复出院。

2003年6月，广东省举行"抗击'非典'表彰先进大会"。钟南山被授予唯一一项特等功，并被广州市授予"抗非英雄"荣誉称号。后来，他还荣获国内卫生系统的最高荣誉——白求恩奖章。

他让别人不要去，自己逆行武汉

"非典"时期，很多人第一次在电视上认识钟南山时，都不敢相信他快70岁了。他满头乌发、神采奕奕，说50岁都嫌多了。很少有人知道，除了当名医，他的人生原本还有另一种可能，同样也可辉煌耀眼！

在北京医学院（现北京大学医学部）读书时，他参加了第一届全国运动会，打破400米栏项目的全国纪录。全运会后，北京队向他抛出橄榄枝，希望他成为专业运动员。经过认真考虑，他觉得自己身体素质虽可以达到亚洲水平，但难以达到世界水平，还是选择从医。如果他当时选择驰骋田坛，赛场上或许会多一位"亚洲飞人"吧！不过，常年坚持锻炼，让他年近古稀却仍拥有中年人的面容和青年人的体魄，能够从容应对高强度的工作。

2020年初，钟南山凭一张高铁餐车内的照片在网上"刷屏"了。那是1月18日，前一天他还在深圳抢救重症病人，在回广州的途中，他接到了国家卫生健康委员会（简称国家卫生健康委）的电话，请他当天务必赶到武汉。此时临近春节，机票买不到，高铁票也卖光了。国家卫生健康委经过协调，安排钟南山和助手在广州南站登上开往武汉的G1022次列车。列车长帮他们在餐车找了座位，钟南山立刻拿出电脑看资料。简单吃过晚餐后，他把头靠在椅背上合眼休息。助手看出他是真累了，想想毕竟是84岁的老人了，感到一阵心疼，掏出手机拍下了那张在网上广为流传的照片。

2019年底，新冠肺炎开始在武汉迅速传播，很快武汉多家医院都人满为患。当时，对这种新出现的疾病，所有人都还不了解，于是国家卫生健康委组织钟南山等一些专家到武汉查明疫情。

2020年1月18日晚10点，钟南山到达武汉，连夜开会研判疫情。

1月19日上午开完会，钟南山下午飞往北京，继续工作到凌晨。

1月20日上午，钟南山代表国家卫生健康委高级别专家组向国务院汇报，确定武汉疫情已出现"人传人"现象。当晚，他与央视主持人连线，向社会公布此现象，并提出"没有特殊情况，不要去武汉"的建议，拉响了新冠肺炎疫情防控阻击

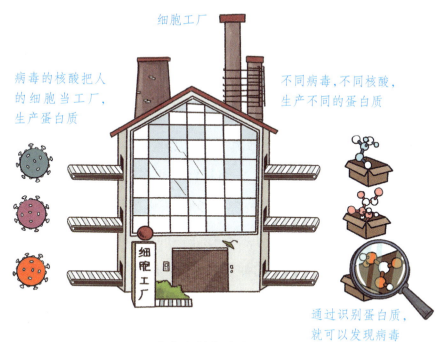

细胞工厂

病毒的核酸把人的细胞当工厂，生产蛋白质

不同病毒，不同核酸，生产不同的蛋白质

细胞工厂

通过识别蛋白质，就可以发现病毒

病毒试剂盒的检测原理

战的警报。

1月21日回到广州后，除了参与部署广东省的新冠肺炎疫情防控工作，他几乎是无缝衔接地开启了科研攻关模式，因为没有预防和治疗新冠肺炎的疫苗和特效药，作为国家新冠肺炎疫情应急科研攻关组组长，钟南山带领团队争分夺秒地开展科研攻关。2月13日，钟南山团队从新冠肺炎患者的粪便标本和尿液中分离出新型冠状病毒。2月14日，在钟南山的指导下，他创建的呼吸疾病国家重点实验室，联合多家研究机构，成功研发出新型冠状病毒IGM抗体快速检测试剂盒。

2月17日，距离钟南山首次赶往武汉过去了一个月，全国日新增确诊病例首次降至2000例以内，湖北省外单日新增确诊病例首次降至 100 例以内，全国单日新增死亡病例首次降至 100 例以内，一天之内出现三个喜人的"首次"！

3 月 18 日，武汉多家方舱医院宣布休舱，国内新增本土确诊新冠肺炎病例首次实现零报告！

和 17 年前"非典"那次一样，当突发公共卫生事件袭来时，钟南山再次发挥了"定海神针"的作用。看到有他在，老百姓既安心也揪心，安心是因为相信他的能力，揪心是因为毕竟他 80 多岁了！所有人隔着屏幕都能感到，就在这短短两个月里，一向身体特棒的钟老肉眼可见地老了。他却说："当国家需要我，我责无旁贷。"《人民日报》对他的评价恰如其分："有院士的专业、有战士的勇猛，更有国士的担当！"

2020 年 9 月，全国抗击新冠肺炎疫情表彰大会在北京人民大会堂隆重举行，中共中央总书记、国家主席、中央军委主席习近平亲自为钟南山颁授"共和国勋章"。

2021 年 5 月，国际编号为 325136 的小行星被正式命名为"钟南山星"。

尽管已经 80 多岁，但钟南山院士还在坚持出门诊。他常说的一句话是："我想来想去，只不过还是一个医生。"

星 语

我觉得我面对的是生命，这是生跟死的问题，这个一点不能含糊。我的压力来自病人的生命，我没有想太多，我就想这个病人我想办法把他救活。这是我最大的追求。

——钟南山

吴孟超

他是我国肝脏外科的开拓者和主要创始人之一，被誉为"中国肝胆外科之父"。

他一生完成 16000 多例肝脏外科手术，90 多岁高龄仍坚持上手术台，放眼全球，寥寥无几。他将我国肝癌的手术成功率从不到 50% 提高到 90% 以上。中国肝胆外科的中坚力量中，80% 是他的学生。

外国人不远万里来拍摄他做手术的过程，结果却一无所获。他的手术刀法出神入化，他的医者仁心更留下了无数感人的佳话。

名称：吴孟超星
国际永久编号：17606
发现日期：1995 年 9 月 28 日
发现单位：中国科学院国家天文台
公转周期：4.23 年

星光

割胶少年的学医路

　　1922 年 8 月，吴孟超出生在福建省闽清县。当时，不少福建人下南洋谋生，吴家也不例外。小时候，他跟随母亲前往马来西亚投奔父亲，和父亲一起在橡胶园里以割胶为生。"橡胶树中间有一条水线，不能破坏，它就像人的血管一样，是树的营养线。割的时候下刀要够深，但又要适度，不能把水线破坏了，否则就会冒出一个疙瘩，像长了个肿瘤。"已是耄耋之年的吴孟超，还保存着当年他用过的一把早已锈迹斑斑的割胶刀，并时常回忆起少年时的割胶经历。那时的辛劳已成为模糊的记忆，倒是割胶经历让他从小便掌握了操刀的技巧，这为他日后主刀高难度手术奠定了基础。

　　初中毕业后，满怀爱国之情的吴孟超打算回国投身抗战。

他和同学们把原本用于毕业聚餐的钱，以及演出募捐得来的钱，一并通过华侨领袖陈嘉庚送往延安。没想到，他们竟收到了八路军总部以毛泽东、朱德的名义发来的感谢电报。不难想象，漂泊海外的少年游子收到这封电报时，会是怎样的惊喜和激动。于是，他和几个同学下定决心：去延安，找共产党，赶走日本侵略者！

1940 年，吴孟超风华正茂，踏上了回国的旅途。当时，抗日战争战事正酣，道路被封锁，吴孟超无法前往他心心念念的延安，不得已滞留在昆明。谁知命运的齿轮开始向另一个方向转动，他进入同济大学附属中学读书，随后又考入同济大学医学院，也就是现在的华中科技大学同济医学院。

等他大学毕业时，已经是 1949 年，他跟随同济大学医学院来到上海，被分配到同济大学附属医院的儿科。可他的志向并不在儿科，少时的割胶经历让他练就了一双灵巧有力的手，他动作干净利落，胆大心细，特别向往在无影灯下，手操柳叶刀，刀落病除的职业体验。那时的上海已经解放，解放军华东军区人民医学院第一附属医院（即现在的海军军医大学第一附属医院，又名长海医院）在招聘医生，吴孟超前往应聘。主考官爱惜人才，被他一心想从事外科工作的诚意所打动，便将他招入外科。从此，他成了一名中国人民解放军的军医。

在这里，吴孟超再次遇到了大学时教过他外科学的教授——被誉为"中国外科之父"的裘法祖先生。投身于大师门下，对于一个年轻人来说是巨大的幸运。在人生的十字路口，有人能够高瞻远瞩,为你指点前行的道路,这实在是太重要了!
1956 年, 吴孟超升任主治医师, 需要选定自己的专业方向。
裘老说, 作为外科的重要分支之一, 肝胆外科在中国还是一片空白。裘老看中了吴孟超的能力和他身上那股军人的作风,便建议他主攻这个方向。于是, 吴孟超进入了肝脏外科。

肝脏外科第一人

肝脏是人体的重要器官, 承担着合成、代谢、解毒、消化等重要工作。肝脏不好, 人的生活质量就会受到影响; 没有肝脏, 人就无法存活。20 世纪前半叶, 我国是肝病高发的国家, 很多人因肝炎、肝硬化、肝癌等疾病离世。其中, 肝癌是肝脏上生长了恶性肿瘤, 死亡率极高。你可能不太理解, 为什么不通过做手术切除肿瘤呢? 其他部位患

星闻

肝是人体最大的实体器官, 成人的肝脏重量大约占体重的 2%。肝堪称"人体的化工厂", 负责代谢身体所产生的废物以及来自外部的毒素(如酒精、药物、色素、防腐剂等)。肝还会分泌胆汁, 没错! 我没写错, 你也没看错 —— 胆汁是由肝脏分泌的, 并非胆分泌的。胆汁能够帮助消化脂肪类食物, 因此, 肝脏功能不好的人闻到炸鱼、红烧肉等食物的味道时, 并不会感到愉悦, 反而会有恶心想吐的感觉。

与其他器官不同，肝脏有双重血液供应：肝动脉和肝门静脉，故而肝脏血流极其丰富

每分钟流入肝脏的血液可以装满 1.5 升的矿泉水瓶

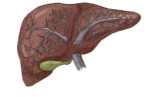

肝细胞的功能数以百计，包括合成蛋白质、储存葡萄糖、解毒，喝酒会加重肝脏负担哟

肝脏还能释放热量，帮我们的身体保温

有趣的肝脏冷知识

癌，不都是先做手术切除肿瘤，然后进行化疗或者放疗吗？

话说得没错，但肝脏实在是太特殊了！如果你见过生的猪肝，应该还记得它颜色深红、质地柔软，一刀下去，就会有血流出来吧？这些印象可以帮助我们理解人体的肝脏。肝脏的血流极其丰富，肝内有无数的血管，还有胆管、淋巴管，结构异常复杂，就像一株极其茂密的珊瑚，错综复杂。我们设想一下：在密密麻麻的珊瑚里藏着一个干硬的面团，要用刀、剪剔除这个面团，难道不是"地狱"级别的难度吗？光是想想，就让人头疼不已！

不仅管道系统极为复杂，肝脏还是器官界的"斜杠青年"，承担着众多你意想不到的职责，对全身的各个方面都有影响。因此，在肝脏手术中，稍有不慎就会出现大出血，导致病人死亡；另一方面，牵一发而动全身，必须充分考虑手术对各个脏器可能产生的影响。所以，肝脏手术一直以来都是肝胆外科，乃至整个外科领域里极为复杂的手术。在过去很长一段时间里，肝脏的某些部位一直是手术的禁区！这就是为什么裘老说肝胆外科在中国"缺门儿"。在那个年代，人们对肝脏里血管、胆管、淋巴管的分布情况并不了解，对肝脏的结构也只是一知半解。在这种情况下，想要成功完成一台肝癌切除手术，难于上青天。

听从裘老的建议后，吴孟

肝脏明明在身体内部，为什么肝癌治疗属于外科呢？在现代医学中，外科以手术切除、修补为主要治疗手段；而内科医生则利用药物及其他治疗方法为患者治病。无论是身体的哪个部位，只要是需要手术治疗的都属于外科范围。外科又被分为胸外科、肝胆外科、泌尿外科、神经外科等多个领域。

超随即跑遍了上海的各大图书馆。当时，国内肝癌防治领域一片空白，连一本名字带"肝"字的中文书都找不到。吴孟超费尽周折，只找到了一本英文的《肝脏外科入门》。他和同事花了一个多月的时间，将这本书翻译成中文，这是我国翻译出版的第一部肝脏外科方面的著作。

光有一本入门书远远不够。为了破解肝脏的重重谜团，吴孟超和两位年轻的同事张晓华、胡宏楷医生组成了"三人攻关小组"。他们通过自己制作的肝脏标本，重新认识了肝脏的结构，提出了"五叶四段"理论，为勇闯肝脏"迷宫"

的肝胆"刀客"们提供了一份准确的"地图"。后来，吴孟超主刀完成了我国第一例肝脏肿瘤切除手术，还首创"常温下间歇性肝门阻断切肝法"。

吴孟超创造了中国医学界乃至世界医学界的多个"第一"：

他翻译出版了我国第一部中文版肝脏外科专著；

他主刀完成了我国第一例成功的肝脏肿瘤手术；

他制作了我国第一具肝脏血管铸型标本；

他完成了世界上第一例中肝叶切除手术；

他切除了迄今为止世界上最大的肝海绵状血管瘤；

他完成了世界上第一例在腹腔镜下直接切除肝脏肿瘤的手术；

在国内权威的《外科学》教材上，他的名字被印在第一行、第一位；

……

在吴孟超的不懈努力下，我国肝脏手术的成功率从原来的不到 50% 提升到了 90% 以上，各国的肝脏外科都在应用他提出的理论和方法。他深知，我国的肝癌病人众多，仅靠他一个人、一把刀是远远不够的。于是，他大力培养后辈，看到有潜力的人才，就鼓励他们学习外科。他常说："我的所有技术属于人类，我吴孟超没有专利！"从 1979 年到 2012 年，他培养了 85 名硕士生，67 名博士生，23 名博士后研究员；中国肝胆外科的中坚力量中，80% 是他的学生。从一片空白到理论先进、技术精湛、人才辈出、成果丰硕，中国的肝胆外科已跃升至世界领先水平。

国外同行中，有的费尽心思邀请他去讲学，有的不远万里前来取经，还点名要拍摄他做手术的过程。手术有什么好拍的呢——其实就是想偷师学艺，学他切除肝脏肿瘤的那一手绝活儿。

"长着眼睛"的手指

20世纪80年代，日本医学代表团来上海进行学术交流，提出要拍摄吴孟超切除肝脏肿瘤的手术过程。不少国内同行都很担忧，这是中日两国消化道外科的一次学术交流会议，吴孟超是中方主席。日本人来开会就开会，为什么还带个摄制组呢？还点名要拍中方主席做手术，这明显是有备而来啊！吴大夫首创的"常温下间歇性肝门阻断切肝法"没有申请过专利，若是免费让日本人学去，合适吗？

没想到吴孟超却十分淡定："没关系！让他们拍，让他们学。"

手术开始了，日方以为终于可以"抄作业"了，谁知这一次，他们根本看不懂"答案"——摄影师的镜头无论怎么调整，都无法清晰地捕捉到吴孟超的手。太不可思议了！哪位外科医生做手术时不是低着头、目不转睛地盯着手术部位呢？可"吴桑"（"桑"是日语"先生"的音译）的眼睛却望向天花板。他的手伸进患者的腹腔，就像魔术师的手伸进盖了幕布的箱子，这不只能拍个"寂寞"嘛！时间一分一秒地过去，手术室里鸦雀无声。终于，镜头里出现了吴孟超的手，一颗肿瘤也随之被取出。最关键，也是日本人最想弄清楚的肿瘤摘除过程，依然是一个谜。

20世纪50年代，中国的肝脏外科刚刚起步时，也有一个日本医学代表团访华。看到吴孟超他们简陋的研究条件，傲慢地扔下一句话："中国的肝脏外科要赶上我们，起码要30年。"结合这段令人憋屈的"前传"，再细细品味吴孟超那句"让他们拍，让他们学"——太帅了！吴孟超的回击漂亮又高级！他没有恶语相向，而是以精湛的技艺让人心服口服；他不露声色，却掷地有声，比"爽文"还让人痛快！

但吴孟超不是"爽文"里的人物，他是医学界的一个传奇，他的那双手更是传奇中的传奇。他的同事说，他的手指仿佛长了眼睛。手术中，病人的腹腔里满是鲜血，他的手伸进去一摸，一掐，血就止住了。他的学生说，吴老的手术做得又快又好，全凭手感，跟他学了好多年也学不来。这不禁让人好奇，吴大夫、吴院长、吴院士的手，究竟是一双怎样的手啊？

有没有觉得哪里不对劲呢——他右手的食指不直，第一个关节发生了弯曲。这是怎么回事？肝脏外科手术时间长的要约10个小时，通常情况下也需要3小时左右。作为主刀大夫，他要长时间握住手术钳，手指上万次保持这个姿势，与病魔较量，从死神手中抢夺生命，以至于骨骼的形状都发生了改变。吴孟超对此却一点也不在乎，反而觉得这样更好，因为这样

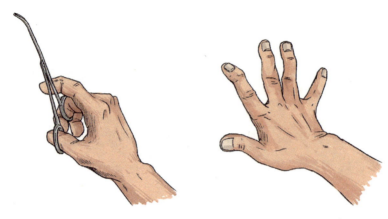

这双手把 16000 多个病人从生死线上拉了回来

可以更好地拿住手术钳。他说："手比脸重要。脸老了无所谓，但是手的感觉要保护好。"

以心灵温暖心灵

2005 年，吴孟超被推荐参评国家最高科学技术奖。这个奖在中国科学技术领域的分量举足轻重，每年评选一次，每次名额不超过 2 名，颁奖地点是北京人民大会堂，颁奖人是国家主席。没有哪个单位、哪位科学家不把这个奖视为至高无上的荣誉。然而，当评奖的考核组找吴孟超谈话时，提出的谈话时间正好与他一台手术冲突。吴孟超坚持手术不能推迟，让考核组等了一上午。下午见到考核组时，吴孟超连连道歉："让你们等我了。病人是一位外地普通农民，多住一天院，对他来说都是负担。"在吴孟超的心中，病人永远是

第一位的。

20世纪90年代，在长海医院肝胆外科的基础上，吴孟超筹建了东方肝胆外科医院，也就是现在的海军军医大学第三附属医院，这是目前世界上唯一的肝胆外科医院。医院的建设经费一度出现缺口，由于当时肝癌的治疗费用较低，有人建议通过涨价来弥补缺口。吴孟超坚决不同意："如果大楼盖起来了，老百姓却看不起病，我是不会安心的。"

在吴孟超看来，医生不是治疗疾病的人，而是服务病患的人。他在为病人检查身体时，总是先把自己的手捂热；查房后，会弯腰把病人的鞋放在方便穿的位置。他总是想方设法替病人省钱，缝合伤口的吻合器对医生来说操作简便，但"咔嚓"一下，病人的账单上就会多出不少钱。吴孟超坚持手工缝合伤口，分文不收。96岁的吴孟超仍然坚持每周至少做3台手术，放眼全世界，这个年龄还能站在手术台上

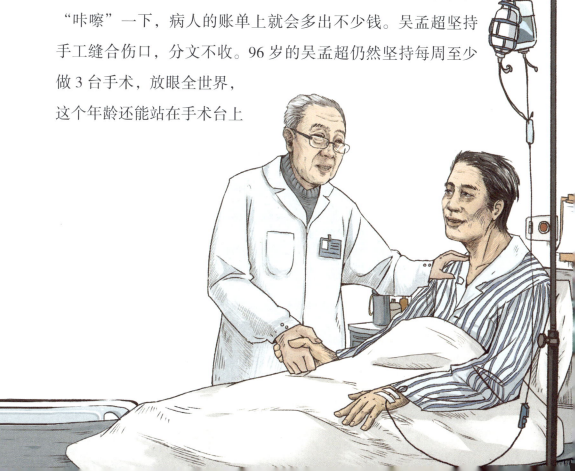

的，目前唯有他一人。他说，医学是以心灵温暖心灵的科学。作为医学界泰山北斗级的人物，他对医学的见解真的很温暖、很治愈人心，充满了人文关怀！

2011 年，国际编号为17606 的小行星被正式命名为"吴孟超星"。

2021 年 5 月 22 日，一生"把病人背过河"的吴孟超大夫永远地离开了我们，享年 99 岁。许多他救治过的病人日夜兼程从外地赶来，有的一进现场就扑通一声跪倒在地。无数与他素不相识的上海市民也纷纷前来为他送别。他 70 多岁时治好的一名病人的家属说："吴老走了，中国失去了一个伟大的医学家，但天上的'吴孟超星'还在。我们会永远铭记他！"

德不近佛者无以为医，才不近仙者无以为医。这两条苛刻的标准在吴孟超身上完美呈现。读他一生的故事，我们会感到庆幸，心里有一种安全感和幸福感。即便我们自己和身边的人没有需要吴老治疗的疾病，也会感到庆幸！有此大医，真是苍生之福！

我是一名医生，更是一名战士，只要我活着一天，就要和肝癌战斗一天。即使有一天倒在手术台上，也是我最大的幸福。

——吴孟超

张弥曼

　　她是世界杰出的古生物学家，也是我国四足动物起源研究的奠基者。

　　她醉心于挖掘脊椎动物演化史中鱼类家族的故事。

　　在中国村民眼里，她让人分不清是男是女；在外国同行眼里，她是"不睡觉的中国女人"。

　　说起女科学家，别只知道居里夫人！还有优雅、幽默又可爱的张奶奶。

名称：张弥曼星

国际永久编号：347336

发现日期：2007 年 8 月 18 日

发现单位：中国科学院紫金山天文台

公转周期：5.47 年

研究鱼的地质学家

2018 年 3 月 22 日，一位身着中式服装的女士登上联合国教科文组织的颁奖台，领取 "世界杰出女科学家奖"。发表获奖感言时，她在汉语、法语、英语、俄语和瑞典语间切换自如，从容不迫地娓娓道来。她是中国科学院院士张弥曼，毕业于苏联莫斯科大学地质系。她获奖的理由是"她开创性的工作为水生脊椎动物向陆地的演化提供了化石证据"，通俗点说，就是她在研究几亿年前古鱼类"上岸"方面有了不起的发现。

奇怪吧！学地质的人怎么研究起鱼来了？研究鱼的，不应该是生物学家，准确地说是鱼类学家吗？如果一定要说还有别的人研究鱼，那就只能是厨师了。

①动物死亡后很快被沙土掩埋

②软组织被分解，牙齿、骨骼等
保留下来，经历漫长的时间石化

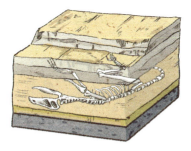

③由于地壳运动，化石被抬
升到接近地表的地方

④自然原因或人为开采，化石
暴露出来

化石形成过程

张弥曼研究的鱼一不能游水，二不能红烧，她的鱼凝固在亿万年的时光隧道里，是鱼化石。据说现在活着的鱼只有7秒的记忆，而张弥曼的鱼则珍藏着几亿年前关于生命演化的记忆。

张弥曼1936年4月生于南京，中学时她的志向是当医生。20世纪50年代初，年轻的中国需要大力发展工业，而地质是"工业的尖兵"，国家号召青年学生报考地质专业。她和那个时代的人一样，单纯且富于理想主义色彩，认为既然国家需要，自己就去学，将来在沙漠上骑着骆驼"多浪漫哪"。

191

于是她报考了北京地质学院。新生报到那一天，校门口写着：

> 欢迎你，戈壁滩
> 上的开拓者；欢迎你，
> 岩石洞中的找宝人。

尽管对地质学科还懵懵懂懂，但看到这样的话，每个年轻人都会心潮澎湃。

但张弥曼没能实现在沙漠上骑骆驼的浪漫幻想，大学一年级时，她被学校选送到莫斯科大学地质系学习古生物，最终研究了古鱼类。

古生物学是地质学的一个分支学科，属于地质学与生物学的交叉学科。它的研究对象主要是保存在地层中的远古生物的遗体和遗迹化石。通过化石，可研究远古时期生命的起源、发展历史及生物的进化等。例如，始祖鸟、北京猿人等化石的发现，就帮助古生物学家完善了对生命演化历史的认识。认识不同地层的古动物化石，还有助于寻找石油。

人，其实是升级版的鱼

人是从哪里来的？这个话题，相信每个人都会感兴趣。在东方的神话中，人是女娲用泥巴捏出来的。但如果我们想了解这个世界的真实面目，科学才是最可靠的方式。现代生物学认为，人是从单细胞生物开始，经过几十亿年的漫长时间进化而来的。根据古生物学家的研究，海洋才是地球生命最初的故乡，早期的生命全都生活在海里。请注意，是"全都"在海里！那今天陆地上多种多样的生物，包括人，是从哪里来的呢？

答案是从海里"移民"来的—— 一群远古的鱼勇敢地爬上岸，克服千难万险适应了陆地的环境，并进化出今天陆地上各种各样爬的、跑的、走的，还有飞的，总而言之是长着四肢的动物。是不是太不可思议了？

现在让我们回到那久远的过去，看看到底发生了什么。

随着地壳的运动和碰撞，陆地逐渐从海洋中上升，形成了湖泊和河流。植物率先来到陆地之上，因为没有天敌，它们恣意生长，枝繁叶茂。动物，尤其是鱼类也不再全都生活在海洋里了，有些鱼游进了河流和湖泊。这些从海洋"大别墅"搬迁到河湖"小户型"的鱼过得并不舒坦，不光是"居住面积"小了，生活条件还没有保障，遇到干旱年景，"地盘"大幅缩水甚至干涸。水域面积减小带来了什么后果呢——住得憋屈还在其次，最糟糕的是食物少了、天敌多了。对这些生活质量降级的鱼来说，天涯何处无芳草，何必非在水里泡？隔壁陆地上食物多、没天敌，这相当有诱惑力！于是，在大约3.8亿年前，部分生活在浅水区的鱼开始朝大大的陆地上，爬呀爬呀爬……

不过，从水里转到陆地上生活可不简单，鱼的身体要经历一番脱胎换骨的变化。

首先，鱼在水中靠鳃呼吸，要上岸生活，就必须进化出新的呼吸器官——肺。实际上，正是因为生物学家在研究澳大利亚肺鱼时，发现它的鱼鳔进化成了肺，才推断出最早的陆生动物是由鱼进化而来的。除了肺，鱼还要有包含鼻子在内的完整的呼吸系统。

其次，我们游泳一段时间后，上岸那一刻会觉得腿好吃力、身体好重，我们的鱼类祖先在登陆伊始也面临类似问题。上岸后，鱼鳍要承担身体的重量，需要变得更强壮、更有力。也许刚上岸时，它们只能靠鱼鳍和身体的蠕动缓慢爬行，为了适应陆地环境，鱼鳍逐渐进化出原始的腕骨和指头，还长出发达的肌肉，这样能够稳定身体并快速行走。

最后，为了更好地观察周围的环境，它们的眼睛逐渐进化得更加灵活，而且向头顶靠拢。同时，它们还学会了转头观察四周，脖子也变得灵活起来。但即使是现在，大部分鱼都不会转头。

完成一系列"升级迭代"后，这些鱼最终进化成陆生动物，不经意间触发了生物进化过程的关键环节，完成了地球历史上里程碑式的重大事件。后来由它们进化出的两栖动物、爬行动物、鸟类和哺乳动物，统称为四足动物。在古生物学家眼里，人其实是一路升级打怪、版本迭代的鱼。研究早期鱼类登陆的历史能帮助回答"人是从哪里来的"这一问题。没想到吧，古生物学家的工作这么有趣！

那么，到底是哪条鱼光荣地做了"鱼中的哥伦布"呢？

真的是那条鱼吗

在大约4亿年前的泥盆纪，生活着一类叫总鳍鱼的鱼，数量非常多。它们大多是淡水鱼，游弋在河流、湖泊中。距今2亿多年前的三叠纪，一些总鳍鱼重返海洋。

20世纪中叶，地处北欧的瑞典，古生物学的研究处于世界领先水平，是国外同行眼中的"圣地"。瑞典学派代表人物之一、早期脊椎动物研究的权威雅尔维克认为，总鳍鱼是古鱼类上岸的"先锋"，他在著作中提出了"四足动物起源于总鳍鱼类"的观点，该观点被写进很多教科书。

雅尔维克认为，总鳍鱼已经摆脱了鳃，可以直接呼吸空气，让它们得以在空气中呼吸的是"内鼻孔"，而且总鳍鱼的头骨、脊柱和偶鳍骨等和原始的两栖动物十分相似，所以总鳍鱼是最先爬上陆地的鱼，今天的两栖动物、爬行动物和哺乳动物，都可以追溯到这个共同的祖先。

星 闻

泥盆纪是距今约4.2亿~3.6亿年前的一段时期，这段时期气候温暖，连北极地区都属于温带气候。如果说侏罗纪是恐龙的时代，那么泥盆纪便是鱼类的时代。在这一时期，脊椎动物空前发展，尤其是鱼类，品种繁多，"鱼"丁兴旺。然而，在泥盆纪晚期发生了生物大灭绝事件，约80%的海洋生物惨遭"团灭"。此后，地球上开始出现两栖动物。

20世纪80年代初，张弥曼来到瑞典国家自然历史博物馆学习，她从中国带来了两种泥盆纪的古鱼化石，都是在我国云南省曲靖市发现的，一种叫杨氏鱼，另一种叫奇异鱼，都属于总鳍鱼。她在瑞典期间的导师就是雅尔维克。

古生物学家研究化石的方法有直接用肉眼观察、在放大镜下看、在显微镜下看，但想细究化石的内部，就要借助穿透力超强的X射线了。而在那个探测技术尚不发达的年代，张弥曼采用了一种极为艰苦却十分有效的研究方法——连续磨片法。她先是只磨去薄薄一层杨氏鱼的化石，多薄呢——一毫米的二十分之一；接下来，照着露出的断面，一笔一笔地画放大的图像，再将熔化的蜡倒在图上，压平，做出一张蜡片；然后再打磨化石，还是只磨掉一毫米的二十分之一，重复前面的步骤……就这样一层一层地打磨，直到磨完整块化石。这不是把化石毁了吗——是的，不过一物换一物，把全部蜡片按顺序叠放在一起，就能得到一个按比例放大的化石"复印件"，研究大的"复印件"比小的"原件"可方便多了。

可以说，连续磨片法就是"手动CT"。CT的意思是电子计算机断层扫描，它是现在检查人体内部是否发病的常用手段。我们说的"拍片子"是利用X射线能穿透身体的本领，给身体内部某个部位拍一张照片。CT还是借助X射线的穿透力，不同的是，CT会给被检查部位平行地拍好多张照片，然后把这些照片综合起来分析。现在CT技术早已被广泛用于医学以外的领域。古生物学家如果想要研究一块化石，不需要再一层层磨了，CT可以快速完成内部结构的探测，化石依旧完好无损。

张弥曼在瑞典时，科技手段还没有这么先进。那段时间，她每天晚上只能睡四五个小时，博物馆的工作人员叫她"不睡觉的中国女人"。为了画一张复杂的磨面图，她要花十几个小时，这项艰巨的工程，她做了两年！一块长度仅2.8厘米的杨氏鱼头骨化石，她愣是做出540多张蜡片，这些蜡片能合成一个放大20倍的杨氏鱼头骨模型。超常的付出带来了超常的回报，连续磨片法尽管费时费力，技术门槛极高，但它能够发现化石内部隐匿的细节。当一层层蜡片被叠在一起时，一个震惊古生物学界的发现出现了：杨氏鱼没有内鼻孔，只有外鼻孔，这意味着杨氏鱼无法在陆地上生存，那么杨氏鱼隶属的总鳍鱼就不会是最先爬上岸的鱼了。

内鼻孔就是鼻腔和口腔之间的通道。有了内鼻孔，鼻子才能真正成为呼吸器官。当我们睡觉和吃饭的时候，鼻子可以代替嘴来喘气。就像鸟儿飞翔就要有翅膀一样，内鼻孔是四足动物在陆地生存的必要条件。尽管杨氏鱼已经进化出了外鼻孔，但它没有内鼻孔，不可能在陆地生存，不可能是四足动物的直接祖先。这就意味着，那种最先勇敢爬上岸的鱼，现在还游弋在人类认知范围以外。

张弥曼的发现颠覆了脊椎动物早期演化的权威论断，教科书因此被改写。

太岁头上动土

等等！故事讲到这里，信息量属实有点大！我们不妨梳理一下。

张弥曼用连续磨片法发现杨氏鱼没有内鼻孔，从而推断它所隶属的总鳍鱼不可能是最先上岸的鱼。但她的导师雅尔维克的观点是：总鳍鱼有内鼻孔，是最先爬上岸的鱼，是四足动物的祖先。

也就是说，张弥曼在瑞典，用瑞典学派的化石研究方法——连续磨片法，推翻了她瑞典导师的学术观点。

雅尔维克原本期待这个从遥远东方来的学生，可以用4.1亿年前的中国总鳍鱼化石支持他的观点。谁知化石被一片一片地磨掉，师徒俩认为该出现的内鼻孔，却迟迟没有

星慧

"吾爱吾师，吾尤爱真理。"真正践行这句话并非易事。张弥曼当时肯定承受了不小的压力，内心也有过纠结，别忘了她还是孤身一人在异国他乡。后来，人们运用CT等技术检测杨氏鱼化石，并与她制作的蜡片模型对比，无不为她的精细和严谨所震撼，某些头颅细微结构的呈现程度甚至超过了CT检测结果！内心平静，手部操作才能稳当。她必定是能够排除外界的干扰，回归科学最本真纯粹的状态，也让自己的科研之路走得坦坦荡荡。毕竟在科学的领域中，一旦与事实"狭路相逢"，即便是权威，也只能给事实让路。

看到。"够了！够了！你已经做得够多了！"导师的心情开始变差，他想让张弥曼就此罢手，并说张弥曼带去的鱼化石是"该死的鱼"。张弥曼心里一紧，担心他哪天实在不爽了，会蹦出一句"该死的弥曼"，还好导师没有这么说。

这就好比一个外国人来中国学乒乓球，却说中国队总教练教的发球姿势不对，那还不"炸锅"了吗？当时就有不少人抱着"吃瓜"的心态等着看张弥曼接下来会怎么办，毕竟她在学术上挑战的是绝对权威。那段时间，张弥曼给父亲写信说自己"在太岁头上动土"。

实际上，张弥曼非常尊重她的导师，说雅尔维克是很好的人，每逢节日必定开车接她去自己家吃饭，饭后再开车送她回博物馆。回国后，她还经常参考导师的著作。至于自己推翻了导师的观点，她说："我看见了嘛，将来别人也会看见的，这就是事实嘛。"

让年轻人得到最好的化石

在瑞典时，她还被人称作中国来的年轻女士；回国后，随着时间推移，她渐渐成了大家、院士，门下也有了学生。张弥曼和她的学生是怎样相处的呢？

研究古生物离不开去野外找化石。大学毕业后，张弥曼经常跟随考察队去野外，一去就几十天。条件艰苦，不能洗头洗澡，为了方便她就把头发剪得短短的。有村民悄悄问，那个人是男的还是女的？

60 岁以后，因为身体欠佳，她感觉自己越发不适合去野外，就把做了很长时间的泥盆纪鱼类研究的资料和积累的化石，交给学生朱敏。泥盆纪是鱼类的时代，泥盆纪鱼类的研究是"学术金矿"，容易出成果，不是所有人都舍得交给别人。张弥曼想的是，让年轻人得到最好的化石，"支撑起（古鱼类）学科的发展"，她自己则转向新生代鱼类的研究。

接过张弥曼的接力棒后，朱敏很快就有了很多重要的发现。如今，朱敏已经是国内古脊椎动物研究领域的领军人物了，并当选了中国科学院院士。2006 年，朱敏将他发现的一种鱼化石命名为"晨晓弥曼鱼"，作为生日礼物送给恩师。

因为在古鱼类领域的突出贡献，2016 年 10 月，张弥曼获得"罗美尔 - 辛普森终身成就奖"，这是国际古脊椎动物研究领域的最高荣誉。2018 年 3 月，联合国颁给张弥曼"世界杰出女科学家奖"。2019 年 11 月，中国古生物学会授予她终身成就荣誉。2023 年，国际编号为 347336 的小行星被正式命名为"张弥曼星"。

在古生物学术圈子里，张弥曼地位尊崇，曾担任国际古生物学会主席。但在国内，因为低调，知道她的人不多，她被公众认识还是因为在"世界杰出女科学家奖"的颁奖典礼上，她优雅地发表了一段真诚又不失幽默的致辞，讲完她就转身走了，奖杯还留在讲台上。接受采访时，被问到为什么没拿奖杯，她说，自己年纪大了，忘记拿了。

张弥曼领取"世界杰出女科学家奖"后致辞

就是这么简单，她始终不愿意用那些华丽的说辞来包装自己。要问她原因，她只说忘了——这是事实，大概这就是科学家的真实与坦率，也是张奶奶的可爱之处。

没有我挡在前头，年轻人就能得到最好的化石，没有顾虑地更快上一线，支撑起（古鱼类）学科的发展。

——张弥曼

任何人无权白白浪费时间，一个人想做点事，就要刻苦努力，持之以恒。

——吴汝康

吴汝康星
编号：317452

金怡濂

　　他被誉为"中国超级计算机之父"，是"神威"超级计算机的总设计师。

　　他是中国工程院的第一批院士，也是国家最高科学技术奖的获得者。

　　他说，是新中国的计算机事业挑选了他，而非他选择了计算机。

　　从"104机"献礼国庆，到"神威"扬我国威，他究竟是如何实现从无到有的跨越的呢？超级计算机究竟长什么样？它和家用计算机又存在着哪些不同呢？

名称：金怡濂星

国际永久编号：100434

发现日期：1996 年 6 月 6 日

发现单位：中国科学院国家天文台

公转周期：4.31 年

星光

超级计算机"超级"在哪里

2023 年 8 月，一则关于美国计算机学会戈登·贝尔奖的新闻，牵动了无数计算机爱好者的心。戈登·贝尔奖是国际高性能计算应用领域的最高奖，相当于计算机界的诺贝尔奖，所有利用超级计算机取得的研究成果，都可参与这个奖项的评选。

在 2023 年度戈登·贝尔奖的入围名单中，来自浙江大学、清华大学、国家超级计算无锡中心等单位的研究人员申报的项目——"迈向涡轮机械流动的百亿亿次级计算"格外引人注目。这是一个与航空发动机研究相关的项目。在此之前，我国的超级计算项目曾多次斩获戈登·贝尔奖，而这次仅仅是入围就备受关注，这是为什么呢？因为这个项目所使用的超

级计算机非同凡响！这台超级计算机的计算速度超过了每秒100亿亿次。

超级计算机之所以含有"超级"二字，可不是徒有虚名的。能被称作超级计算机的，必须具备计算速度极快、存储容量极大的特点。在我国，超级计算机也被叫作巨型计算机。那么，怎样才算极快、极大呢——在不同的时期，超级计算机的定义是不一样的，毕竟科技在不断进步发展。曾经，计算速度超过每秒1000万次，存储空间达到1000万比特以上的计算机，就被认定为超级计算机。而现在，世界上最快的超级计算机，计算速度能够达到每秒100亿亿次。在英语中，Exascale表示100亿亿，计算速度达到每秒100亿亿次的超级计算机，也被称为E级超算。顺便一提，如今即便是普通的家用电脑，乃至每个人兜里的智能手机，计算速度也能达到每秒几十亿次，存储空间更是能达到数万亿比特。要是能回到30年前，它们也算得上是超级计算机了。

超级计算机的功能当然超级强大，上到飞机、导弹的飞行路线规划，下到桥梁、地铁的承重极限计算；大到预测风雨雷电，小到研制胶囊药片，都需要进行大量，甚至是海量的计算。而我们家里使用的普通计算机根本无法胜任这些任务，用专业术语来说，就是计算能力（简称算力）无法满足需求。这个时候，就需要超级计算机登场亮相了。

在江苏省无锡市的滨湖区，有一座不太起眼的大楼，这里便是国家超级计算无锡中心，我国的超级计算机——"神威·太湖之光"就安置于此。2016年，它成为世界上最快的超级计算机，随后多次成功卫冕。

根据公开数据显示，"神威·太湖之光"的计算速度约为每秒10亿亿次。若要达到它一分钟的计算量，需要当时全球约72亿人，手持计算器，不眠不休、一刻不停地计算长达32年之久！而在中国入围2023年戈登·贝尔奖的项目中，所使用的超级计算机计算速度更是超过了每秒100亿亿次。要知道，自2016年以后，我国新研制的超级计算机的相关数据一直处于"过于先进，不便公开"的状态，像全球排名这类活动，我们也不再参与。正因如此，我国最先进的超级计算机始终保持着神秘的色彩，大家只能去猜测其具体情况。

说了这么多关于大显神威的"神威"系列超级计算机的事迹，如果不介绍一下究竟是谁制造出了如此厉害的计算机，又怎么能满足大家的好奇心呢？这个人就是金怡濂，他是中国工程院院士，第一代"神威"的总设计师，被誉为"中国超级计算机之父"。

新中国的计算机事业选择了他

1949年10月1日，在中华人民共和国成立的开国大典上，从天安门城楼前走过的群众队伍中，有一名年仅20岁的大学生，他就是金怡濂。此时，他正在清华大学电机系就读。他所在的班级，日后共走出了4位院士和1位总理（朱镕基总理）。

1956 年，周恩来总理在《1956—1967 年科学技术发展远景规划》中，提出要迅速发展计算机技术。同年，金怡濂和其他十几个人一起，被派往苏联科学院精密机械与计算技术研究所学习。多年后，他总结说，是新中国的计算机事业选择了他，而不是他选择了计算机。就在金怡濂出国见到苏联计算机的这一年，世界上第一台计算机已经问世 10 年了！

1946 年，世界上第一台通用电子计算机在美国的宾夕法尼亚大学诞生，它的名字是"电子数字积分计算机"，中国人习惯叫它的音译名"埃尼阿克"。订购它的客户是美国军方，因此它的主要功能是计算子弹、炮弹等的弹道。和现在一只手就能拿起的计算机（笔记本电脑）不同，"埃尼阿克"比一间房子还大，长 30.48 米，宽 6 米，高 2.4 米，重量将近 30 吨，堪称庞然大物。这个大家伙每秒能进行 5000 次加法计算或 400 次乘法计算，它的计算速度是人工计算的 20 万倍。

"埃尼阿克"实际上是史上"老二"，不过"老大"干不了啥事，所以"埃尼阿克"便成了被广泛认可的第一台通用计算机。它的机身安装了大量在当时常用的一种电路元件——电子管，也正因如此，它被称作电子计算机。现在，电子管早已"下岗"，取而代之的是芯片。与电子管相比，芯片具有计算速度更快、耗电量更低、体积更小的优势。也正因为这些变化，现在的计算机不再被叫作电子计算机了。

"埃尼阿克"让世界各国都见识到了电子计算机的强大威力，电子计算机也因此成为各国优先发展的科技领域。1952年，中国科学院数学所正式成立。第一任所长——著名数学家华罗庚在数学所内建立了第一个电子计算机科研小组，这个小组后来发展成为中国科学院计算技术研究所。金怡濂和伙伴们被派往苏联就是为了去学习电子计算机技术。新中国期望，这批优秀的年轻人能像"火种"一样，学成回国后制造出我们自己的电子计算机。

最初的星星之火

不负祖国期待，经过两年刻苦攻读，金怡濂成了中国计算机事业的一颗优秀"火种"。1958年回国后，他立刻投身于我国第一台大型电子计算机——104机的研制工作中。1959年国庆节前，刚刚完工的104机为新中国成立10周年献上了一份沉甸甸的厚礼。

在104机之前，还有一台103机。那是我国第一台通用数字电子计算机，它填补了我国计算机领域的空白。103机的计算速度达到每秒1800次。金怡濂参与研制的104机是我国第一台大型电子计算机，每秒能计算1万次，二者的差别就体现在"大型"这两个字上。金怡濂这一生都致力于制造大型计算机，个头大、速度快、存储量高是这类计算机的主要特点。大型计算机是服务于国家重大工程的，属于国之重器。

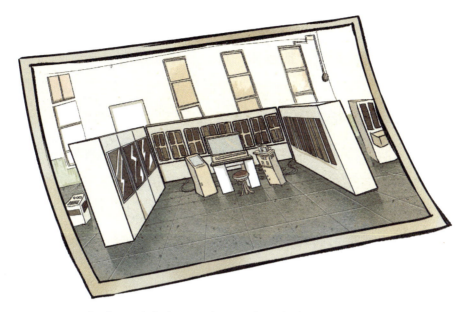

104 机有 22 个机柜，主机、电机组各占地 200 平方米

比如说，104 机就完成了设计东北地区下水管道、中期和短期天气数值预报、国内铁路线路规划方案等项目的计算任务，还为我国第一颗原子弹的研制工作保驾护航。由此可见，大型计算机所处理的"应用题"都来自大工程、大项目，所以要求它速度快、存储量大、算力强，而没人要求它轻巧、便携，至于它是否占地方，那更不重要，因为国家会为这类计算机配备专门的机房。随着技术的不断进步，大型计算机已经逐渐发展成了巨型计算机，也就是我们所说的超级计算机。

随后，金怡濂担任逻辑设计组的副组长、运算控制分组的分组长，参与了解放军某研究院组织的代号为"5 号"的大型计算机的研制工作，并于 1960 年顺利完成该项目。

1969 年，作为主要技术负责人和总体组组长，金怡濂主持了九〇五乙机的研制工作，研制目标是使运算速度达到每秒 350 万次。当时，他所在的研究所已经从北京搬迁到了祖国大西南的一个山沟里，这一待就是 20 年！那里天气潮湿，条件艰苦，生活物资匮乏。有一次，当地发出地震预警，金怡濂和同事们只好住进帐篷，而还在研制中的大型计算机由于体积庞大搬不动、挪不走，大家只能在机房里给它搭建了一个"金钟罩"——搭架子把它保护起来。即便在这样恶劣的环境中，金怡濂和同事们仍坚持实行三班倒，夜以继日地

结绳记事是古人的一种计数方法

中国人发明的算盘，是一种广为使用的计算工具

1642 年，法国数学家帕斯卡发明了只能做加减法的机械计算器

1671 年，德国数学家莱布尼茨设计出了能进行乘法的机械计算器

电子计算机诞生之前，人类计算工具的发展。

对计算机进行调试。其间发生过几次小地震，然而因为工作时全神贯注，坚守在机房里争分夺秒奋战的人们竟然都毫无察觉。

1976 年，九〇五乙机研制成功，并荣获全国科学大会奖。然而，金怡濂并不满足于此。1986 年，金怡濂带领他的团队，将我国大型计算机的运算速度提升到了每秒 1 亿次；1991 年，这个纪录又被改写为每秒 10 亿次。金怡濂在不断地突破极限。尽管取得了这些成就，但在超级计算机领域，我国依旧处于落后地位。改革开放以后，国家的建设在大踏步前进，需要超级计算机来解决的工程实际问题越来越多，这就好比一个求学的少年，不能总是用铅笔，而需要使用钢笔了。

神威，助国扬威

在金怡濂心里，有一件事留下了深刻的印记：20 世纪 80 年代，国家急需超级计算机，无奈之下花巨资进口了一台。令人气愤的是，和计算机一同到来的还有两个"洋监工"。明明这台计算机我方已经购买下来了，可这两个"洋监工"却天天对机器的主人指手画脚，干涉我们使用这台机器：计算机的开机、关机以及日常维护只能由他们来做，中国人甚至不能接触机器的核心部件，机房的控制室都不让中国人进入。面对这样无礼的要求，每个中国人的心都会被深深刺痛，金怡濂当然感触更深。痛定思痛，他更加明白了一个道理：

真正的高科技，是买不来的。中国人一定要发展自己的超级计算机，仅仅发展还不够，还要加速发展！否则就要受制于人。

没过多久，国家的超级计算机事业再一次选择了金怡濂。

1992年，国家并行计算机工程技术研究中心成立，金怡濂担任主任。而我国新一代超级计算机"神威"的立项工作也在紧锣密鼓地筹备中。在"神威"计算机研制方案第四次讨论会上，预研小组计划将未来"神威"的计算速度提高到500亿次，与会代表认为，这个目标虽存在一定难度，但基本可行。就在会议接近尾声时，主持会议的领导突然提出了一个在当时看来颇为大胆的想法：跨越百亿级别，直接让这台超级计算机的计算速度迈上千亿级的台阶，是否可行呢？此言一出，会场中的大多数人都认为这个想法技术难度过大，在短期内无法实现。

大家有这样的看法也是有原因的。此时是1992年的秋季，一年前，也就是1991年，金怡濂主持完成的大型计算机的计算速度只有每秒10亿次。如果提出下一步的目标是每秒1000亿次，那就等于要一下子将运算速度提高100倍！这可不是小的跨越，而是要奋力飞跃一把才能够得着。此时，温文尔雅的金怡濂铿锵有力地说："我们完全有能力造一台千亿次的巨型机，而且必须跨越，否则就会被世界越甩越远！"后来，经过论证，"神威"的目标确定下来：直接达到千亿级。金怡濂被任命为"神威"的总设计师。这时他已年过六旬，对大多数人来说，这是到了退休享清闲的年纪，而这位超算

界的老将却为了"中国速度"受命挂帅出征。

功夫不负有心人，1999年国庆50周年前夕，"神威"通过测试，计算速度达到了每秒3840亿次。1999年9月，中央电视台向全世界宣布：由中国国家并行计算机工程研究中心牵头的"神威"超级计算机系统研制成功，并投入商业运行。

"神威"的第一道"应用题"计算就赶上了大事：1999年9月30日夜晚，北京下起大雨，第二天上午天安门广场可就要举办国庆50周年庆典了，阅兵和群众游行活动能如期进行吗？十几万人为了庆典活动精心准备了那么久，万一这天天公不作美，该如何是好？

不用担心！这次国庆庆典活动的保障队伍，有我们新出炉的"神算子"加盟，气象学上这种高分辨率的精细化预报，

"艺高人胆大"和"说大话"之间存在着一条界线，这条界线若能被人看到，那体现的便是实力；若看不到，背后所隐藏的则是苦功夫。

在"神威"研制最为紧张的阶段，团队里的小伙伴考虑到金怡濂曾有留苏经历，便特意为他点了一首《莫斯科郊外的晚上》，想着让他通过唱歌来缓解压力。可令人意外的是，金怡濂竟然不会唱！他坦率地表示，自己在留学期间一心专注于读书，根本没有闲暇时间去娱乐。金怡濂以往所下的苦功夫，以这样一种略显尴尬却又让人从心底里感到敬佩的方式，展现在了众人眼前。

正是"神威"的拿手戏。"神威"超级计算机判断：北京天安门地区，10月1日凌晨5点雨停，8点云开雾散，国庆这天会是个好天气。

事实证明，一点没错！"神威"初出茅庐就助国扬威。国庆这天天空碧蓝，成了受阅空军银鹰绝佳的背景板，天安门广场上的庆典活动热烈、隆重，一切顺利。

2016 年正式启用的"神威·太湖之光"以持续运算速度每秒 9.3 亿亿次，最高运算速度每秒 12.5 亿亿次，成为世界上运算速度最快的超级计算机。在当时这意味着，"神威·太湖之光"可以凭一己之力挑战 200 万台笔记本电脑的计算能力。

近年来，我们经常听到"卡脖子"这个词。自 2015 年起，美国便开始对我国实施限制，禁止向我国出口超级计算机的芯片，此后更是不断加大限制力度，进一步收紧对我国的芯片出口政策。然而，"神威·太湖之光"展现出十足的底气：即便对方不给芯片也无妨，我们自己拥有可靠的芯片！

中国"血统"的中国芯是"神威·太湖之光"的一大显著亮点，也是最令我们感到自豪与心安之处。"神威·太湖之光"采用了我国自主设计并生产的"申威 26010"芯片。这种芯片可着实厉害！一块申威芯片的计算能力，就相当于 2000 年世界超级计算机排行榜上位居榜首的那款计算机性能的 3 倍之

除了"神威"，我国还有"天河"和"曙光"两大系列超级计算机。"天河"系列超级计算机由国防科技大学研制。其中 2013 年发布的"天河二号"超级计算机，在国际超级计算机排行榜上长期高居榜首，直到 2016 年"神威·太湖之光"发布，它才退居第二。2023 年 12 月，"天河·星逸"超级计算机在国家超算广州中心正式亮相，其各项性能指标都远超"天河二号"。

　　"神威·太湖之光"共有 48 个机柜，包括 40 组运算设备和 8 组网络设备，机房占地 1000 平方米。

多！排行榜组织者给予它这样的评价：

　　　　"神威·太湖之光"在榜单上荣登第一名的宝座，
　　依靠的是一个完全基于中国设计、制造的处理器（芯
　　片）构建而成的系统。

　　2003 年，金怡濂在人民大会堂，从时任国家主席的江泽民同志手中接过了 2002 年度国家最高科学技术奖的荣誉。2013 年，中国计算机学会（英文缩写：CCF）将 2012 年度的"CCF 终身成就奖"授予了金怡濂院士。2010 年，国际编

号为100434的小行星被正式命名为"金怡濂星"。

如今，金怡濂院士已年逾90，却依旧心系我国下一代超级计算机的研发工作，持续支持和激励着超算领域的"中国速度"再次腾飞。

星语

我深深感到，科技工作者只有把自己的事业和祖国的繁荣、民族的昌盛紧密联系起来，才能大有作为。

——金怡濂

星友

清华
大学星

编号：16982